智能先行

［澳］阿什·丰塔纳（Ash Fontana） 著

李同良 译

中国科学技术出版社
·北 京·

北京市版权局著作权合同登记　图字：01-2022-3014。

图书在版编目（CIP）数据

智能先行 / （澳）阿什·丰塔纳著；李同良译 . —
北京：中国科学技术出版社，2023.1
书名原文：The AI-first Company
ISBN 978-7-5046-9871-1

Ⅰ．①智… Ⅱ．①阿… ②李… Ⅲ．①人工智能—应
用—商业模式—研究 Ⅳ．① F716

中国版本图书馆 CIP 数据核字（2022）第 204593 号

策划编辑	杜凡如　牛岚甲	责任编辑	庞冰心
封面设计	创研设	版式设计	蚂蚁设计
责任校对	焦　宁	责任印制	李晓霖

出　　版	中国科学技术出版社	
发　　行	中国科学技术出版社有限公司发行部	
地　　址	北京市海淀区中关村南大街 16 号	
邮　　编	100081	
发行电话	010-62173865	
传　　真	010-62173081	
网　　址	http://www.cspbooks.com.cn	

开　　本	880mm×1230mm　1/32	
字　　数	205 千字	
印　　张	10.75	
版　　次	2023 年 1 月第 1 版	
印　　次	2023 年 1 月第 1 次印刷	
印　　刷	北京盛通印刷股份有限公司	
书　　号	ISBN 978-7-5046-9871-1/F·1071	
定　　价	79.00 元	

献给那些充满好奇心的人们

目录 |

绪论 |

　　动物世界里充满了比人类感觉更敏锐的生物。我们没有猫头鹰那样的视觉，没有狗那样的嗅觉，也没有鲸那样的听觉，而我们的计算速度也不及人类自己创造出来的东西——计算机，但我们却擅长通过感官收集大量信息，并同步处理从而快速学习。这种快速学习便是智能。

　　如今，人工智能（Artificial Intelligence，AI）可以通过收集有价值的数据，将其处理成信息，并在网络上传播，帮助我们更快地学习。创造人工智能的公司通过这种方法提高了自己的智能。这就是本书的主题：构建一个人工智能优先公司，在需要比竞争对手更快学习的时候，能够收集、处理信息，并将其传达到需要的地方。

　　人工智能优先公司是第一批——现在仍然是唯一的一批——万亿美元公司，而且，它们将比以往任何时候都更明确地主导着更多的行业。

　　这便是你建立人工智能优先公司的动力。

新工具

我们喜欢制造新工具，用以突破自己的自然极限。第一台机械计算机的发明者查尔斯·巴贝奇（Charles Babbage）曾说："把人类描述成一种制造工具的动物一点也不为过。"我们用智慧来了解事物的运作方式，然后制造工具使其运作得更好——把人类的平稳进化变成了人加机器的快速革命。

在距今至少260万年前的石器时代，出现了第一波石器工具制作浪潮，给人类提供了体力杠杆，绳索编制的陷阱以及长矛就是很好的例子。与徒手获取食物相比，使用这些工具可以使我们超越自身的能力范围，收集到更多的食物。18世纪和19世纪的工业时代，人类制造出了愈加复杂的成套工具，用于耕田和炼钢。然而，这种体力杠杆及其规模受到我们智力的限制。

第二波工具制作浪潮带来了智力杠杆。印刷术让信息得以传播，随后出现的计算机让我们能够收集更多的信息，并进行超出我们普通智力范围的运算。我们学会了如何传播信息，如何将其输入计算机，如何快速发送到不同地方，以及如何生成多种见解。然而，这种智力杠杆却受到我们能获得多少关于未来的信息的限制。

人工智能引发了第三波工具制作浪潮，为我们带来了决策杠杆。这些工具赋予我们一种全新形式的智能，用以收集、处理和交流信息，从而做出更好的决策。而随着这些决策的实施，我们将能够进行更好更快地学习。

我们来举一个有关缝纫的例子来说明一下：在第一波浪潮中，我们可以使用由多个小杠杆组成的织机以比手工编织更快的速度缝制衣物。这是体力杠杆。在第二次浪潮中，计算机将图形视觉信息转化为图案，供织机自动编织。这是信息杠杆。第三次浪潮改变了游戏规则：电脑扫描人们在社交媒体上发布的照片，了解消费者趋势，绘制新样式，并将图纸变成织布机上的图案。新款式刚刚流行，商店里马上就有成品销售，这是决策杠杆带来的时间优势。

早期的工具为我们提供了体力和智力上的杠杆，而人工智能则提供了满足两个重要要求的决策杠杆。第一个适用于整个社会：充分利用有限的资源。第二个适用于企业：建立竞争优势。在过去，土地、劳动力和资本是用来竞争的资源，如今信息成为可以利用的资源。昨天的一流企业擅长管理土地、劳动力和资本，而明天的领导者将擅长管理信息。

市场上有很多关于人们如何利用土地、劳动力和资本成为事业赢家的书籍。而这本书讲述的则是如何利用信息来取得事业的成功。

人工智能优先的世纪

人工智能优先的世纪始于人工智能萌芽的1950年，并预测将于2050年左右结束，届时人工智能将充分融入所有的行业，因此，现在开始在你的行业中应用人工智能，还不算太晚。

人工智能优先的前半个世纪：1950年至2000年

如果说前五十年，即1950年至2000年，人工智能只是在实验室里发挥作用的话，那么，下一个五十年则是它为人类、商业和社会大显身手的时候。人工智能的发展花了大半个世纪的时间才达到了现在的水平，因此，对于最近的创新，我们还是应该抱持更加宽容的态度，同时展现出将人工智能与商业战略相结合的强烈意愿。很长一段时间以来，我们一直认为人工智能就在眼前。但事实上，它才刚刚开始，我们才刚刚将实用人工智能带入现实世界。

在过去的半个世纪里，人们一点一点地构建着人工智能，下面讲的就是他们的故事。正是这些人将人工智能带到了今天的水平，而你们将在这本书的帮助下，在下半个世纪把他们的工作推向新的高度。

理论基础

人工智能的基本思想发端于20世纪50年代。通过人们不断地开展实验，与志同道合者一起研究方程式，一批批伟大的思想家试图为人工智能下定义。

数学家沃伦·麦卡洛克（Warren McCulloch）和神经学家沃尔特·皮茨（Walter Pitts）写下了第一个代表我们思维活动的方程式。麦卡洛克曾混迹底特律的街头，而皮茨则曾就读美国东海岸的一所私立学校。两人都是控制论运动的创始成员：控制论是一门关于机器和生物之间交流与控制的科学。沃尔特是一个特别了不起的人，12岁时曾被英国伟大的哲学家和数学家伯特兰·罗素（Bertrand Russell）邀请去剑桥大学读书，因为他之前阅读了罗素撰写的被视为数学基础的三卷本《数学原理》（*Principia Mathematica*），并将其中的错误进行更正后写信寄给了他。沃尔特15岁时离家出走，去美国芝加哥大学看望罗素，从此再也没见过他的家人。

尽管沃伦比沃尔特大24岁，但他们一起花了很多时间参加各种协会的活动，或通过像麻省理工学院（MIT）这样的机构，了解人类的思想，当然，还一起喝了很多威士忌。两个人共同建构了一种被称为阈值逻辑单元（Threshold Logic Unit, TLU）的重要函数模型：一种描述人脑细胞或神经元的数学模型，用于解释大脑的运算方式。这个关于我们自己的智能原子单位模型，为创造人工智能提供了起点。

神经科学家、计算机程序员和来自不同学科的研究人员组成一个个小组，讨论我们大脑的工作原理，以及如何将其功能先呈现在纸上，然后再通过计算机程序展现出来。这些研究借鉴了逻辑学、计算科学、神经科学、通信等众多学科的概念。1956年，达特茅斯学院的一个小组创造了"人工智能"一词；康奈尔大学的一个小组发明了一种感知器算法，提高了早期算法模拟人类神经元的能力；斯坦福大学的一个小组将这些神经元连接在一起，形成了一个早期的小型人工神经网络。

这50年时间里，人们开始考虑如何在实验室之外的地方使用人工智能，艾伦·图灵（Alan Turing）提出了一种智力测试方法，用来确定机器智能是否可以像人类一样进行对话。他的发现包括神经系统的不同部分各自能够进行一定程度的计算。

向实践过渡

第一个十年为人工智能发展奠定了基础，但实践才刚刚开始。

20世纪60年代，关于思维的研究发展到了感知和表达阶段。麻省理工学院、美国国防部国防高级研究计划局（DARPA）和国际商业机器公司（IBM）的研究人员，对神经元在感知环境刺激并做出反应的运动方式进行了研究，编写了计算机程序来理解自然语言、视觉和推理。大约在这个时候，计算机学会了下棋——在20世纪余下的时间里，这件事引发了人们持续的关注和痴迷。

20世纪70年代，政府削减了对该领域的资助，因为他们认为开发通用人工智能是一个棘手的问题，可能会导致一连串的大麻烦。这与其说是一个技术问题，倒不如说是一个政治问题：该领域承诺的过多，兑现的太少。为了应对这一局面，相关公司开发了第一批机器人、语音识别系统和语言翻译程序。他们还预测人工智能将与另一个趋势相互交叉，这一趋势就是过程自动化。过程自动化的基础是19世纪末一位名叫弗雷德里克·W.泰勒（Frederick W. Taylor）的工程师开发的工厂管理系统。该系统通过将制造过程的每个步骤分解为专门任务，由同一个人重复执行，从而提高效率。这种趋势一直持续到20世纪，此时专门的任务可以用计算机代码编写，然后由计算机反复执行。IBM公司五名前雇员于1972年创立的德国软件公司思爱普（Systems Applications and Products in Data Processing，SAP），开始通过向大型制造公司销售电脑赚了很多钱，这些电脑可以用来做一些诸如在生产过程中记录库存之类的工作。美国军方更进一步使用电脑来改善后勤工作，例如，他们在战争期间使用人工智能在各个基地之间分配关键物资。随着公司和政府使用人工智能实现制造流程自动化以及对供应链进行优化，智能系统被逐渐构建起来。

投资促进了汽车业（1995年）、国际象棋（1997年）和宠物狗（1999年）等方面的创新。这些突破引人注目，因为它们将人工智能带入了公众视野，分别应用于一个机器人（该机器人能够根据自己所看到的东西来改变行为）、第一辆自动行驶1000英里（1英里≈1.6千米）的汽车，以及一个能够对人类表情做出反应的"宠物"机器人。

那一时期的情形跟20年后的今天非常相似：有证据表明，人工智能在现实世界中的应用——为了娱乐，同时也为了提高企业的效率——促进了投资。然而，人工智能的投资在经历了20世纪90年代显著的发展之后，并没有促使许多公司采用人工智能。这一时期，军方、IBM和索尼公司是为数不多的几个拥有足够的数据、人才和计算能力构建人工智能的实体。

这些公司有着巨大的领先优势，但当时的计算能力和网络技术限制了它们的发展。数十年的研究催生了可编程的人工神经元。然而，这些可编程的人工神经元是单一的，因此功能有限，只能进行数据输入、计算、数据输出。将神经元串联成大型网络需要巨大的计算资源，因此，这一方法让人觉得非常不切实际。设计和运行这样一个系统无疑是一项艰巨的挑战。

新千年伊始，人工智能研究人员在将神经元串联成一个网络方面取得了突破。加拿大计算机科学家约书亚·本吉奥（Yoshua Bengio）设计了一个基于神经网络的语言模型，该模型可以在一种语言中依据一个单词与其他单词的相邻关系，在其词汇中找出下一个可使用的最佳单词。出生于英国的计算机科学家和心理学家杰弗里·辛顿（Geoffrey Hinton），开发了一种将多层神经元连接在一起的神经网络——深度学习的先驱。重要的是，研究人员致力于让这些神经网络在现有的计算机芯片上高效运行，特别是在用于计算机图形图像的芯片上运行，因为它们特别擅长并行运算许多数值。研究结果出现了一个可以训练的神经网络：可编程神经元，连接在一个网状网络中，将计算结果传递到位于其下方的另一个网络上——所有这些都是在一个芯片上计算的，该芯片可以在合理的时间范围内执行必要的操作，只需几天而不是几个月时间。

电脑便宜了

科技界经常发生的事情是，一个领域的创新引发了另一个领域的创新。计算机科学中的分布式系统使我们能够制造出体积大、功能强、价格低的计算机。这一进步是促进人工智能发展的第一个关键因素。IBM和微软等大型科技公司让客户能够访问云计算集群，随着这些集群的扩大，计算能力变得越来越便宜。发达国家中的绝大多数人在工作时都有一台电脑可以随身携带。使用这些计算机和互联网时产生的数据是人工智能发展的第二个关键因素。拥有更多计算能力和数据的研究人员对人工智能重新产生了兴趣。这些神经网络所具有的部署能力，已经足以使其嵌入日常产品中，从手机键盘到购物网站，再到亚马逊的Alexa或苹果HomePod等家居设备，为执行我们的每一个命令做好了充分的准备。

　　我开始研究基于人工智能的技术，大约是在研究人员再次对它产生兴趣的时候，也就是在云计算建立之后，并有大量数据进入其中的时候。当我意识到会有更多的数据进入其中，而且需要计算时，我创办了一家公司，帮助世界上最大的旅游公司整理消费者通过手机和社交媒体生成的所有数据。该领域取得的进步和深层神经网络的创新令我惊叹不已。这是一项可以改变一切的技术，值得花几十年时间去研究探索。事实上，我加入了第一个完全专注于人工智能的投资基金Zetta Venture Partners，该基金于2013年推出——同一年，一整泽字节（Zettabyte）的数据（10^{21}字节，或10万亿亿字节）首次在互联网上传播。我们已经审核了数万个创建人工智能优先公司的推介，支持了许多开创性的公司，并且成为世界上最大的机器学习（Machine Learning，ML）工程师社区——Kaggle——的最大投资者。作为一名风险投资家，我的工作是尽我所能预测技术前沿何时会与现实结合。用我的职业生涯打赌，关于人工智能，时间就是现在。自那以后，Zetta Venture Partners一直为第一代将人工智能应用于现实世界的公司提供支持，并在"关键时刻"吸取了教训。这本书将与大家分享这些教训。

人工智能的下半个世纪：2000年至2050年

过去几个世纪的实践表明，当一个领域与另一个领域交叉时，它就会向前发展：哲学和数学交叉产生物理学；当工业工程和电气工程交叉时，工厂的生产效率得到了显著提高。如今，人工智能正在与分布式系统交叉，我们因此能够在功能强大的计算机上运行机器学习模型，并对大量数据进行处理。本书将提供投资基础设施的最佳实践，推介给对这两种交叉技术有着深刻见解的人员。

现在开始创立人工智能优先公司还不算晚。无论你驾驶的是小船还是大船，科技的发展潮流都能帮助你迎头赶上。现有的方法可以高效地准备数据、让你用少量的数据做很多的事情、综合生成数据、有效地标注数据、自动构建机器学习模型，以及将它们与现有软件进行集成。我们将在这本书中学习其中的许多方法。

人工智能优先公司

人工智能优先公司将人工智能运用于现实工作，在实际预算和时间有限的情况下，优先考虑人工智能。人工智能优先公司通过短期权衡来构建智能，以获得超越竞争对手的长期优势。

在本书中，你将看到运营人工智能优先公司遇到的最基本问题及其答案。从实验和团队建设，到实施手段、价值评估和长期战略优势衡量，你将了解如何捕获数据、将其塑造为模型，并比竞争对手更快地学习。

这本书填补了人工智能潜能理论和人工智能应用技术之间的空白，为读者提供了将人工智能应用于商业问题的可执行指南。其创作初衷是为具有不同专业知识水平的读者提供帮助。该书提供了关于人工智能的基础知识、关键术语表，并帮助你更好地理解相关技术术语。我们的重点不是让你成为技术专家，而是为你提供一个更好的商业决策基础。简单地说，这是一本关于如何使用人工智能赢得商业竞争的书籍。问题不是你能否在这个人工智能优先的世纪里做出贡献，而是你想不想做出贡献。

本书结构

本书分为八章，各章相辅相成。

第一章，我们对数据学习效应（Data Learning Effects，DLE）进行了定义。它是由人类智能转向机器智能而产生的一种新型竞争优势。这个新概念建立在三个现有的竞争优势概念之上：网络、规模和学习效应。

第二章，我们将向你展示如何从现在开始使用精益人工智能（Lean AI）概念———一种构建人工智能对客户进行测试的方法，并创建你的公司。

第三章，你已经使用人工智能对客户进行测试，我们接着丰富你的策略，以获取模型所需的更多数据。

第四章，我们给你一个计划，建立一个人工智能优先团队来处理数据。

第五章，有了更多的数据，你可以建立更好的模型，放大数据的价值。

第六章，从实验转向生产需要客户系统更深入的集成，以及对模型的持续管理。我们为你提供成功的客户实施框架，以及管理人工智能模型的系统方法。

第七章，在一切都在运转的情况下，我们必须确保人工智能能够产生结果。因此，我们为你提供了定性和定量的方法，用以衡量模型以及你们的智能优先公司是否获得了成功。

第八章，我们探索如何将数据学习效应与其他竞争优势相结合，建立一家能够击败现有公司，并在未来几十年内稳定发展的公司。

本书各章节概况见表0-1。

表0-1　本书各章节概况

主题	章节	核心思想
策略 什么创造了竞争优势？	第一章　数据学习效应	● 智力取决于你学习的速度，而借助机器，你学习的速度会更快 ● 信息的自动复合是一种数据学习效应 ● 数据学习效应=数据规模经济+数据处理能力+数据网络效应 ● 较之其他任何形式的竞争优势，数据学习效应的复合速度更高 ● 数据网络效应是指每个增量数据点向网络用户添加的信息比最后一个数据点多

续表

主题	章节	核心思想
战术 我从哪里开始?	第二章 精益人工智能	● 任何公司的任何人都可以开始构建人工智能 ● 精益人工智能是构建人工智能优先产品的过程
资本 如何分配资源?	第三章 获取数据 第四章 人工智能优先团队 第五章 建模	● 人工智能优先公司最重要的数据来源是其所服务的客户 ● 数据联盟为供应商和客户创建了独特的数据资产 ● 人工智能优先公司需要一个多元化的团队来管理不同的技术 ● 人工智能优先公司遍布人工智能优先团队
指标 会发生什么?	第六章 模型管理 第七章 回路测量	● 世界总是在变化,所以你的模型也会变化 ● 模型管理不是代码管理 ● 跟踪每个版本模型的目标是重现性[①] ● 数据学习效应是一个回路 ● 数据学习效应会自动生成资产、能力和信息 ● 公司需要新的方法来正确计算交付人工智能优先产品的成本

---

① 重现性指不同实验室测定结果之间的精密度和一致性。——译者注

续表

主题	章节	核心思想
探索下一幕是什么？	第八章 优势聚合	● 垂直整合可以获得更多数据、收入和利润 ● 数据聚合可以创造新产品 ● 战略数据管理可以锁定客户 ● 增加兼容性或创建第三方开发者的生态系统，可以为产品周围的生态系统贡献数据 ● 智能系统可以分析大量的产品使用数据，从而能够对产品进行大规模的个性化处理 ● 智能应用程序从遗留应用程序中借用数据，然后对其进行部署

　　无论你是一个新的在线零售商，还是拥有一个家族企业，抑或管理着一家《财富》500强公司，你都可以在本书中找到自己需要的东西，并利用人工智能在竞争中获胜。

THE AI-FIRST COMPANY

第一章

数据学习效应

我们的大脑中存在着大量的神经元，它们彼此相连，被流体包裹，受到膜和骨头保护，丛生枝蔓连接着肌肉——这一切都让人着迷，因此我们也研发出了非自然状态的神经元。这些神经元首先表现为纸上的逻辑方程，然后是计算机上运行的程序。人工智能的力量来自在更强大的计算机上运行这些程序，在更大的网络上运行更多的数据，从而更快地学习。更换学习工具能够改变我们的学习速度，也会让我们变得更加聪明。

虽然人工智能令人兴奋，但我们却无法用一个词来描述其对于公司、经济和社会的意义。词汇很重要，因为它能够帮助我们识别事物，找出知识差距。类比也许是一个不错的方法，但它们也无法覆盖所有的内涵。人们试图用规模来定义人工智能，将数据称为"新石油"——可能是因为石油是一种资源，因此拥有的越多越好。人们还试图用网络来定义人工智能，比如数据网络效应——也许是因为社交网络是大数据时代开始时的一个主要趋势。但无论是规模还是网络效应，都无法充分形容人工智能的力量。它们没有抓住人工智能的核心要义：快速学习。既然我们对人工智能的可能性有了更多的了解，那么我们就可以选定一个能够恰当定义它的词语了。

这本书就提供了一个那样的词语，从一种被称为数据学习效应的新型竞争优势开始：信息自动复合。我们人类通常是边观察边学习。如今，机器能够以远远超过我们的速度和规模来进行观察和学习。在给出机器学习的方式之前，先简单回顾一下人类的学习方式。本章为数据学习效应下了定义，将其与其他类型的竞争优势（旧的竞争方式）进行了比较，并强调了它们的一些特殊品质，即数据学习效应如何在市场中带来赢家通吃的动力，使产品用途更强，比网络效应组合更快，创造成本优势，并获得智能产品定价权。最后，我们还关注了数据学习效应的一些局限性。

人类的方式

我们非常擅长通过感官收集数据并即时处理，通过把输入的信息加工成有用的信息来进行学习。信息一旦通过人的神经系统，就会与我们之前储备的信息进行比较。新知识是从旧知识中衍生出来的。同样地，机器可以通过传感器收集数据，将其处理成新信息并与旧信息在一起，然后对它们进行大量的数学运算以学习新的东西。新的知识来自数据库中存储的内容。人类和机器的学习过程都是从广度开始，观察外面的情况，然后深入探索，将其与其他信息关联，从而学习新的东西。

人类的学习能力来自一代代人所收集的信息。我们把学到的东西代代相传，这样下一代人就不必再从头学起。一代人发明了锤子，下一代人把它压扁变成一把铲子，另一代人又把铲子融化，再浇铸成一把斧头。人类也会将信息代代相传，每天都会彼此交换信息。从集体——一个网络——中获取信息，并从中提取新信息的能力，是一种跨越时间和空间的合作方式。这催生了人类的复合式成长，因为我们不用总是倒退回去重新学习，减缓我们的学习速度。你知道得越多，学习起来就越容易；通过网络获得的信息越多，你的学习速度就会越快。

机器的方式

如今，机器也可以组成集体——网络——来计算信息。以前，机器只是从事一些计算工作，也许还能够将输出结果存储在数据库中，当有新的信息输入时，可以进行同样的计算。现在，机器可以将输出结果输入计算机，运算之后将数据转化为信息，并通过新信息进行学习。这种学习能力随着新信息的加入而快速成倍增长，并且使第三波工具变得非常强大。用智能机器构建数据学习效应的步骤是：①捕获临界量的数据；②开发将这些数据处理成信息的能力；③将这些信息输入计算机，计算机通过对数据进行计算来学习新知识。

公式如下：

$$数据学习效应=数据规模经济+数据处理能力+数据网络效应$$

用一句话来说：获取大量数据，将其处理成对决策有用的东西，并创建一个自动生成更有用数据的系统。这是一个简单的等式，也是理解本书其余部分的基础。你可以跳过下面的四个方程式，而对于那些想用更多数学术语来解释这个概念的人，可以用一个生成输出的函数来表达：

$$输出=功能（数据量、数据处理能力和质量、数据网络效应）$$

将其视为产生输出的操作顺序：

$$输出=功能\{数据网络效应[数据处理能力和质量（数据量）]\}$$

通过一个数据导数，我们可以计算数据的边际价值：

数据的边际价值＝数据网络效应价值×（每增加一个数据处理单元所增加的网络价值×每增加一个数据单元而增加的已处理数据的价值）

取两边的对数，除以初始输出，得到一个公式，告诉我们有多少增量输出来自增量数据：

来自增量数据的增量输出百分比＝log（数据网络效应价值）+log（数据网络已处理数据的价值）+log（数据规模经济）

这一概念的阐释表明：

● 这是一条价值链，通过多个步骤提高输出。
● 该价值链每一部分的价值都取决于该链其他部分的价值，例如，商品数据需要高度网络处理和网络增强，才能转化为有价值的资产；而差异化数据需要较少的网络处理和网络增强。
● 数据收集、处理和网络效应构建的需求较少。

当数据与数据处理能力和数据网络效应相结合时，数据产生边际输出。

商业战略术语是这样定义数据学习效应的：

数据学习效应 = 供给侧输入优势 + 供给侧处理优势 + 需求侧不断增长的规模回报

如今，数据学习效应之所以成为可能，是因为三种基质最近发生了变化。

数据规模经济：大量从个人设备和工业设备上的传感器获取的数据通过互联网传输。

数据处理能力：能够以合理的成本对这些数据进行计算的功能强大的计算机，以及能够在不同数据集之间建立连接的人才。

数据网络效应：研究人员找到了将数据组织到网络中的方法，在网络的一个部分运行计算，然后将结果发送到网络的另一部分进行更多计算，最终形成新的信息。这是神经网络，或者更广泛地说，就是智能系统。

有了这三种基质，数据学习效应就可以形成。现在，我们来对每一种基质进行研究，并将它们与当代的概念进行对比。

超越旧公式

　　数据学习网络效应是人工智能优先公司的首要特征，与其他形式的竞争优势相比，数据学习网络效应的复合速度更快，但我们一直未能对其定义。以为机器可以像我们一样学习，但机器有不同类型的智能，所以学习效应不是一个准确的术语。我们过去认为数据越多越好，但并非所有数据都能被处理成信息。看到社交网络快速发展之后，我们认为一切都是网络效应，所以，也将人工智能视为一种数据网络效应，但实际上，这只是数据学习网络效应概念的一个组成部分，并非其全部内涵。数据学习网络效应与学习效应、规模效应或网络效应不同。在下面的章节中我们将看到更多的词汇。

超越学习效应

　　经济学家对学习效应展开研究，并对其进行量化，通过学习效应这个过程，信息不断累积最终带来经济效益。以一家管理咨询公司为例，它会根据所有客户积累的信息开发战略框架进行最佳实践，构建资源分配模型。传统学习效应累积的是：

● 关于个人或组织的信息；

- 结构化或非结构化信息；
- 信息由人或机器处理时产生；
- 具有质量或数量上的效益。

　　传统学习效应具有局限性：它们增长缓慢，因为非结构化信息，如图像或自由格式文本，在由机器处理之前，必须先由人对其进行处理或结构化改造。

　　数据学习网络效应这样积累信息：

- 通过单个或多个组织；
- 信息是结构化的；
- 经由机器处理；
- 具有数量效益。

　　数据学习网络效应几乎没有什么局限性：它们增长迅速，因为结构化的信息被输入了计算速度比人类快的机器。现代计算机可以处理多种类型的信息，而且可以进行智能化的快速学习。

　　学习效应适用于知识经济：即工业革命之后，从制造业转向服务业的时代。而数据学习网络效应则是为了今天的经济，一个我们取得了几次飞跃的时代：以数字方式而不是口头方式分发信息；自动而非手动共享信息；通过思维而非仅仅通过实操进行学习；在硬件（计算机）而非"湿件"（大脑）上学习；通过多网络节点而非单节点学习。这就是人工智能优先的时代。

超越规模效应

供给侧规模回报是传统的竞争优势来源。也就是说，从供应商的角度来看，随着资产或能力的积累，产品的供应成本降低。例如，大型云提供商能够以非常低的相对成本提供计算能力，因为他们可以批量购买计算机芯片，投资建设将芯片冷却到有效工作温度的系统，并与市政谈判获得更廉价的电力。这就是通常所说的规模效应，因为规模的增加可以降低成本、降低价格、增加需求，从而获得更大的规模及其他优势。但这不是网络效应，因为将计算机连接起来并没有为客户带来更大的效用（尽管这可能会使共享网络资源更加容易，运行成本也会因此变得更低）。本质上讲，这也不是学习效应，因为其成本优势来自规模（尽管在设计计算系统和计算中心方面积累了一些专业知识）。

数据存在规模效应，拥有大量数据可能是一种竞争优势。例如，在为了寻找销售目标而选择电话号码供应商时，选择电话号码最多的供应商当然是最佳的选择。然而，更多的数据只会使一个产品在一定程度上有用，之后其实用性就会降低，因为它实际上依靠的是相同的数据。这就是为什么数据规模经济只是数据学习网络效应的一个发端，而不是全部的原因。

数据和信息之间的区别就是看数据是否具有边际效用。信息衡量的是它能消除多少随机的、不确定性的东西。信息具有告知功能，而数据不需要具有信息效用——它只是一个事实。并非所有数据都包含信息；如果数据不能用来改变某人的想法——解决不确定性，那就不是信息。此外，数据（事实）存在于现实世界中，但信息（经过提炼、有用、具有操作性的）却在头脑中。人工智能优先公司首先收集数据，通过内部能力，利用人工智能思维将其处理成信息。许多公司都在收集大量的数据。但只有人工智能优先的公司才能将这些数据处理成有助于回答下列问题的信息："接下来我该关注什么？""这项保险会花我多少钱？"以及"我什么时候可能会断炊？"。

数据变成信息的一种方式是与其他数据位进行交互。这些交互通常发生在网络上，节点与节点交互，对每个节点都产生效用。这就是所谓的网络效应。电话网络就是网络效应的一个例子：当你给别人打电话时，你与他们互动的方式会对其产生影响。比如说，我打电话告诉你，阿米莉亚（Amelia）把腿摔断了。你又打电话给布鲁诺（Bruno），阿米莉亚的密友，请他和你一起去看望阿米莉亚。你已经对布鲁诺产生了影响。你们都是网络中的节点，信息从一个人（节点）分享给另一个人，彼此相互影响，一个人头脑中的数据转化为另一个人头脑中的信息。整个团队因此而学习并成长。

数据也可以是网络上的节点，当数据与网络上的其他数据位交互时，会对该数据产生影响。这种交互往往通过决定相关效果的接口或协议执行。关于数据网络，数据可以：

● 通过接口——例如组合数据算法——与其他数据进行集成；
● 依据决定格式的协议，通过将信息（处理过的数据）发送到网络的其他部分进行交流；
● 在激励机制的作用下，为网络贡献力量。

例如，神经网络以包含操作数据函数的算法形式为数据提供接口。分析这些接口、协议和激励有助于确定它们是否将数据转化为信息并添加到网络中。当更多的数据没有向网络添加信息时，这就不是网络效应。网络效应与规模效应如图1-1所示。

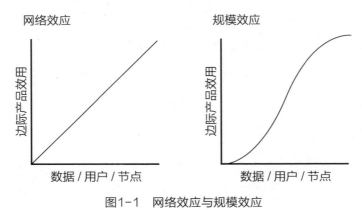

图1-1 网络效应与规模效应

超越网络效应

从消费者的角度来看，当一种产品随着越来越多人的使用而变得更有用时，就会产生网络效应。同样，电话也是展示网络效应的好例子。如果你是唯一一个拥有电话的人，那么这个电话是没用的，只有当很多人拥有电话时，它才有用。需求增加，网络变大，产品需求量随之增加，网络规模进一步扩大。

数据学习网络效应结合了三种竞争优势：规模、处理能力和网络效应。只有网络效应并不意味着用户能学到任何东西。网络效应和数据网络效应的区别在于添加到网络中的内容。网络效应意味着，通过向网络中添加通信节点，让一些东西变得更加有用；而数据网络效应则意味着，通过向网络中添加数据，某些东西变得更加有用。更重要的是，网络效应的边缘——节点之间的线——具有功能性和交通性，而数据网络效应的边缘则具有信息性和可计算性。普通网络效应与数据网络效应如图1-2所示。图1-2（A）网络显示的是，在节点（圆）上生成数据，并沿着边缘（线）将其传输。在图1-2（B）数据网络上，数据保存在节点上，并沿边缘进行计算，同时将信息传递给网络上的其他节点。

两者都是网络：将事物相互连接的网络，信息通过这些连接自由流动。网络隐藏在产品的下面：有时它很简单，比如一

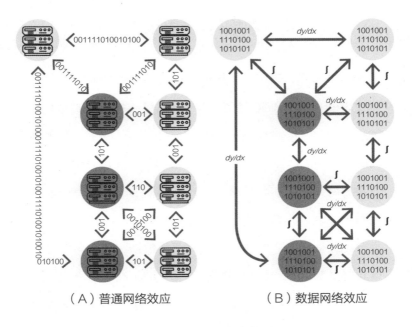

（A）普通网络效应 （B）数据网络效应

图1-2 普通网络效应与数据网络效应

个电话听筒；还有一些时候情况很复杂，比如脸书（现在名称为元宇宙）。这些产品本身具有自我防御特性——电话听筒的设计可以申请专利，而社交网络使用的软件受到知识产权的保护——网络本身就是一种受到保护的资产或者收入来源。这与产品下面的数据网络是一样的：有时很简单，比如一个产品信息目录；有时很复杂，比如特斯拉工厂的工业机器人。有网络效应的产品和没有网络效应的产品之间的区别在于：因为有网络效应，所以该产品更有用。普通网络和数据网络之间的区别在于：数据网络传输数据的衍生物——信息——而不仅仅是数据本身。

数据网络效应

数据学习网络效应将数据规模经济与数据处理能力和数据网络效应相结合。我们在第3章"获取数据"中提供了扩展数据资产的策略；从第2章"精益人工智能"开始，整本书都在提供处理这些数据的方法。现在，我们对数据网络效应进行深入的研究。

数据网络效应有两种形式：入门级和下一级。每一级都需要在数据、人才和合作伙伴关系方面进行不同的投资。入门级数据网络效应是指，在信息价值方面，数据的添加为现有数据提供边际效益。下一级数据网络效应是指，在信息价值方面，数据的添加为现有数据在信息价值方面，提供复合边际效益，而其依靠的则是从现有数据中创建新数据的模型，例如机器学习模型。第一种是直接的，第二种是间接的。入门级数据网络效应更容易构建：只要让用户、客户和合作伙伴提供信息，向网络中添加信息即可。添加信息是数据网络具备的可以增强竞争优势的第一个因素。而下一级数据网络效应则需要构建能够自动扩大网络规模的其他系统，比如一个能够生成信息的系统。升级会带来更快的增长，因为升级是数据网络具备的可以增强竞争优势的第二个因素。表1-1显示了数据网络效应在数据、技术、人才、客户和合作伙伴方面的相对投资。

表1-1 数据网络效应在数据、技术、人才、客户
和合作伙伴方面的相对投资

类别	入门级	下一级
数据	高	低
技术	低	高
人才	低	高
客户	高	低
合作伙伴	高	低

例如，建立入门级数据网络效应，需要收集大量有关客户产品偏好的信息。可靠的业务发展代表可以通过达成交易的方式获取产品、购买信息。而建立下一级数据网络效应，可能不需要手动收集信息，但可能需要建立一个机器学习模型，通过观察顾客的购买情况，然后推断出他们的喜好信息，进而了解他们的偏好。

传统的网络效应是入门级的网络效应。该网络的价值是随时间（t）增加的节点数（n）的平方乘以常数（C）。这表明，网络中额外节点的边际值保持不变，但在现实世界中通常并非如此，因为超过一定规模的网络往往效应会递减。

$$网络价值_t = C * n_t^2$$

数据网络效应有时是这样，但有时也会随着自动生成的信息被添加到网络中而升级。升级会将上述等式中的指数更改为大于2的数字，使得网络价值增长更快。

入门级数据网络效应

　　当向网络中添加信息使网络上的产品更有用时，数据网络效应就出现。这与人工智能无关。这些信息对网络来说是外源性的：即来自外部的新信息。想象一个简单的数据表，然后向该表中添加另一行数据；该表现在变得更有用了，因为它有更多的数据可以分析并转化为信息。决策是在头脑中做出来的，如果人们有更多的数据可以分析，就可能会产生更好的决策。当信息有助于做出更好的决策时，这些入门级数据网络效应就会非常强大（如图1-3所示）。

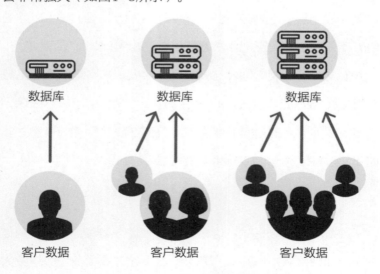

图1-3　入门级数据网络效应

大数据时代，大约为21世纪10年代，基本上关注的是这些入门级数据网络效应，见证了存储、管理、分析和可视化海量数据技术的发展。

实际上，当产品有效地收集信息，并向客户呈现时，这些入门级数据网络效应就产生了。这里有一个简单的例子：当你拥有更多的选择以及选择能力更强时，线上购物就会变得更加顺畅。与线上购物对应的是线下购物，即在一家百货商店买东西，那里摆放了很多产品，店员会帮你挑选产品。更多的选择来自采购清单——这不是数据网络效应。更强的选择能力来自收集、组织和展示这些产品的信息——这就是数据网络效应。电子商务网站上有每种产品的信息——例如扬声器的频率范围，或者电动牙刷的电池寿命——这里是购物的好地方。通常，产品数据以客户评论的方式呈现。每一个评论都是一条信息，让你能够从一个更为广阔的视角来看待这个产品，提高你做出明智购买决定的能力。通过阅读评论，你可以从每一位在你之前写过评论的人身上获益。当你购买了一件产品，然后写下自己的评论，那么数据网络效应就开始出现：最后一个写评论的人往往会影响你的购买决定，然后，如果你购买了产品并留下评论，现在你们都在帮助商家把东西卖给下一个人。这样一来，入门级数据网络效应就能够与向网络中添加的外部信息相结合，因此，它们需要来自外部的信息才能成长。

下一级数据网络效应

通过添加数据加上可以生成信息的其他东西——如人工智能——而使某物变得更有用时，数据网络效应便会升级。换句话说，一旦这些网络有了来自外部的数据，它们就会生成自己的信息并成长。这就是升级的力量：网络效应拥有了自我维持能力，可以以指数（方程式中的2）的倍数（方程式中的C）增长。下一级数据网络效应如图1-4所示。

实际上，当一种产品的每一位客户都生成数据，而这些数据又被提供给将数据转化为信息的系统时，这一切就发生了。该产品的客户有效地形成了一个数据贡献者网络，并从新贡献者添加的数据中受益，因为它能够产生信息。例如，网上购物通常从搜索开始，当你能够更快地找到想要购买的东西时，购物体验就会更好。由机器学习模型驱动的搜索引擎，可以使用从人们在搜索框中输入过、点击过、购买过和积极评价过的商品中收集的数据，在搜索结果页面上灵活推送产品——力图做到首先呈现最相关的结果。无论购物者是点击搜索结果，还是忽略搜索结果，机器学习模型都会学习。

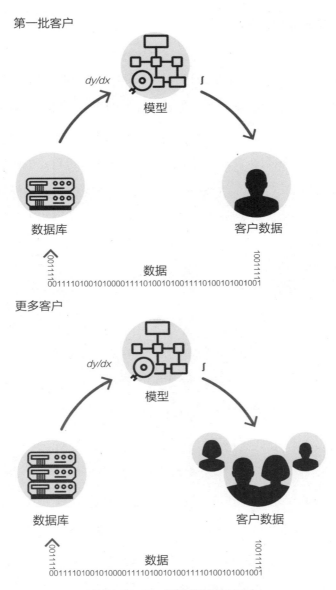

图1-4　下一级数据网络效应

共享的大脑

入门级数据网络效应的实际情况是，人们利用自己的神经网络（大脑）来积累数据，将其转化为信息，与其他信息进行比较，学习一些东西，做出预测，进行决策，然后从决策的效果中学习更多东西。任何升级都受其大脑中神经网络的限制。在这种情况下，学习未被分享，只是做个决定，然后继续前行。有数据输入的大脑如图1-5所示。

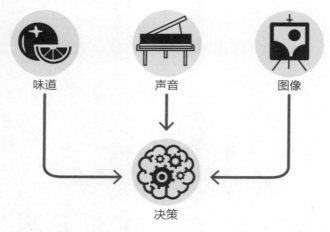

味道　　　　　声音　　　　　图像

决策

图1-5　有数据输入的大脑

例如，你正在查看一个显示生产线上塑料瓶盖缺陷类型的数据面板，并将其与你亲眼在次品箱中看到的缺陷产品进行比较。你会发现，每次温度超过250℃时，塑料瓶盖的顶部都会变形。根据这一信息，你可以确定，如果将温度限制在250℃，则顶部不会变形，所以你决定对塑料挤出机的温度实施限制。这可能是一个很好的改变，但没有办法以系统化或网络化的方式从中学习。也许在未来，你会看到更少的缺陷，但也许你会忙于另一个项目。

当我们超越自己的神经网络，利用更大的、可进行大规模计算的共有网络时，就会出现真正的升级。网络效应的扩展速度会更快，复合网络效应会更大，因为它可以在很多的地方（包括计算机上）以及更多的数据上运行。

再次使用上述例子，你可以使用一个系统，一次在多条生产线上改变1℃的温度，通过分析塑料盖的图像来测量缺陷率，然后自动决定最佳注塑温度。该系统使用来自多条线路、传感器以及运算得出的信息，然后自动反馈到一个预测系统中，该系统对下一步运行的最佳实验做出决策。

入门级网络效应是一种集体智慧，因为从群体中获取更多的信息，有助于做出更好的决策。这就像我们人类世世代代共享信息一样，这是人类的超级能力。而21世纪更为强劲的动力则是人工智能。通过在互联网上共享更多的信息，我们可以利用自己的智慧进行学习。

下一级数据网络效应是一种学习速度更快的高级智能形式。跨系统共享信息，使它们能够根据更好的信息做出更好的决策。有数据输入的共享大脑如图1-6所示。

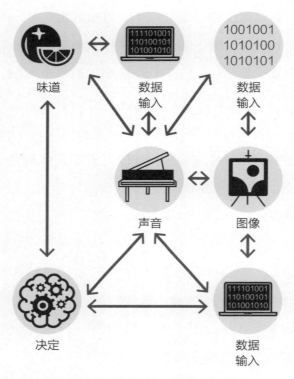

图1-6 有数据输入的共享大脑

构建什么类型的数据网络效应？

构建数据网络效应的类型取决于可用数据、人才和客户。只需要添加数据就可以进行建设，这是入门级数据网络效应建设所具有的显著的比较优势。然而，随着时间的推移，需要更多数据来增加网络的价值——添加数据不是自动的。

　　决定何时提高投资水平取决于可用数据是否能够训练出一个自我学习系统，以及客户是否会从这样一个系统的预测中受益。在这两种情况下，都有充足的理由启动数据学习效应，因为系统的集体智能会随着网络数据的增加而增加。

数据学习效应的力量

数据学习效应可以使赢家通吃

　　当规模经济很高，且客户对品种多样化的需求也很高时，市场倾向于单一技术。当成本在边际基础上随着产量的增加而降低时，就会产生规模经济。多样化是客户对许多不同功能或产品的需求。参看表1-2规模经济示意表右下框，顾客在网上购物时需要品种多样化，而仓库越大，运营成本就越低，因此亚马逊公司在电子商务中就占据了主导地位。参看表1-2左下框，我们希望自己的消息来源多样化，但在传统媒体时代，记者每天只能写那么多文章——他们难以扩大规模——所以只有几家大型报社。

表1-2　规模经济示意表

赢家	低规模经济	高规模经济
多样化需求低	多	少
多样化需求高	少	一个

在一个市场中，如果只有一家公司积累了最多的资源（如投资、生态系统等），那么，这家公司就是唯一一个可以为该市场的客户投资生产多种产品的公司。规模最大的公司可以提供最多种类的产品，而在这个转折点之后，它将主导整个市场。

数据学习效应有着很高的数据规模经济，因为它们需要大量的数据才能够开始。数据学习效应可以做出各种各样的预测，因为模型根据反馈数据不断地产生出不同的预测。此外，人工智能优先产品的客户天生就对多样性有着很高的需求，因为每个客户都需要一个可以针对自己的业务进行预测的模型。因此，数据学习效应更倾向于只有一个赢家的市场。

数据学习效应使产品更有用

数据学习效应往往是在幕后而非前台和中心发挥作用。一些产品在前景中展示其效用，另一些产品则在后台展示其效用。在前景中展示意味着，对于终端用户来说，效用的增加是显而易见的，他们看到添加一些数据可以为他们生成更准确的预测，或者立即引发新的见解。例如，添加自己的销售数据，可以让他们立即看到与竞争对手的销售进行对比之后的自己的销售状况。在后台显示效用意味着，效用增加对用户来说并不明显。用户看不到添加一些数据会为他们产生更好的预测，也看不到任何他们还未拥有的信息。

通过使用数据学习效应，Square Capital成为前景表现比较好的一家公司，该公司向其销售点终端系统（POS机）客户发放贷款。商家，比如餐馆老板，只需往他们的POS系统中添加数据，几乎立刻就可以获得与其收入情况相符的贷款。Square Capital能够通过将商户上传的数据与之前从Square Capital获得贷款的其他商户进行比较，向他们提供贷款。用户（商户）看到了添加数据的直接好处（提供贷款），因为该产品利用数据学习效应运行了一个贷款预测系统，该系统提供了这样一个产品：一个基于商户偿贷能力而预测的借贷利率。不添加数据，你就无法获得贷款；而你之所以有资格获得贷款，是因为你的数据可以与其他数据进行比较，从而生成预测。这个产品基于数据学习效应，在前景中表现得比较好。

使用数据学习效应，在后台表现较好的一款产品是Cloudflare，一款专注网站性能优化和安全管理的产品。客户——比如新闻网站等——可以将Cloudflare数据收集机制添加到自己的网络中，该机制为网站浏览者提供页面请求，同时屏蔽不良浏览者的请求。Cloudflare通过区分哪些请求对其他客户不利，来提供上述保护。使用"不利"一词，意思是有一种请求，试图用流量淹没网站，或者利用其他安全漏洞使其关闭（一种拒绝服务，或称为DoS攻击）。在添加Cloudflare数据收集机制后，客户（网站所有者）没有立即看到拒绝一个特别危险请求的警报，但该产品一直在不断地学习，并针对潜在的错误请求发出警报。如果不允许Cloudflare查看你的网络请求，你就不会收到这些警报。该产品基于数据学习效应，并在后台变得更好。

数据学习效应比网络效应的复合效应更快

当数据学习效应从客户那里获得数据时，它会产生更快的复合效应。网络效应的燃料是数据，客户为该系统提供燃料，最终使他们自己获益。

具有入门级数据网络效应的产品，通常会获得数据客户，有时被称为赠予–回报模式。每一个客户都提供数据，使产品变得更加有用，从而吸引更多的客户。高质量的数据会使产品变得更好，客户们也可以贡献一些这样的数据。

具有下一级数据网络效应的产品，可以从客户那里获取数据，不过这些数据通常是在客户使用产品时提供的，有时被称为反馈数据，但——至关重要的是——这些数据会进入一个模型，该模型会将其转换为预测，从而使其价值成倍增加。

例如，客户每次获得信用评分时都会提交数据，信用评分机构使用这些数据来提供更准确的分数（然后卖给第三方）。这是入门级的数据网络效应。下一级数据网络效应可能是一个贷款应用程序，客户通过允许对其支出状况的持续访问来获得贷款。接下来，提供贷款的公司可以预测贷款是否或者何时能够得到偿还，来确定客户的信誉，并据此发放大额贷款或者切断贷款。这两种数据网络效应之间的差异，在于反馈数据和预测模型。

一个飞轮带动另一个飞轮

自动化收集数据和生成信息的过程是下一级的开始，此时共享大脑开始对其所学的东西与其所学的其他东西进行比较。这就是将一种网络效应推向另一种更强大的网络效应的"飞轮"。

亚马逊公司就是这样做的。首先，它收集了大量产品数据，然后将这些数据放入产品列表，同时提供带有结构化产品信息的对照表，来帮助客户做出更好的购买决定。更多的信息意味着可以更好地比较和决策。随后，亚马逊公司投资了一个团队，来建立机器学习的搜索和推荐系统：A9。这个团队有效地获得了产品数据，并将其与购买数据进行匹配，以了解客户想要购买哪些产品，这样亚马逊就可以在列表页面和搜索结果中，向这些客户推荐类似的产品。收集大量数据是入门级网络效应的开始：对消费者来说，亚马逊过去是最有用的购物网站之一，因为它拥有的产品信息最多。对这些数据进行学习开启了下一级网络：对消费者来说，亚马逊现在仍然是最有用的购物网站之一，因为它提供了最好的推荐和最好的搜索体验。一个飞轮带动另一个飞轮的效果模型如图1-7所示。

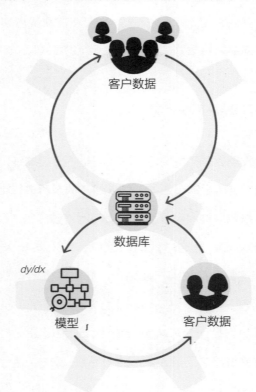

图1-7　一个飞轮带动另一个飞轮的效果模型

数据学习效应造就成本优势

数据学习效应可以让企业自动降低产品生产成本，成本优势是通过减少收费，或者保持收费不变，从而提供更多价值来实现的。

使用数据学习效应制造产品的初始成本，分摊给了每个新增加的客户。构建智能系统成本高昂：需要投资购买、收集、清理和存储数据。聘用数据科学家和机器学习工程师也需要很多钱。通常情况下，一家公司必须花费大量资金，才能让客户看到预测的价值。不过，一旦客户开始使用这些产品并提供数据，成本就会降低。他们可能会标注或者存储自己的数据，通过界面重新配置模型的功能，通过反馈系统有效地承担收集和处理数据的成本，降低生产和维护成本，从而形成成本优势。

数据学习效应使产品更有价值。更多的数据使客户能够做出更准确的预测和更好的决策。基础模型性能的提高为客户创造了价值，这意味着他们的投资获得了更高的回报。分母（价格）在价值上升时保持不变。

$$\frac{投资收入-投资成本}{投资成本} \times 100\% = 投资回报率（ROI）$$

顺便说一句，成本优势可能有助于快速建立数据学习效应。成本优势是一种吸引更多客户的策略，而这些客户反过来会产生更多的数据。为了积累提高人工智能准确度所需的临界量数据，使其对客户有用，该策略可能会在不考虑效益的情况下，在某个时间段内被用到极致。数据学习效应造就成本优势如图1-8所示。

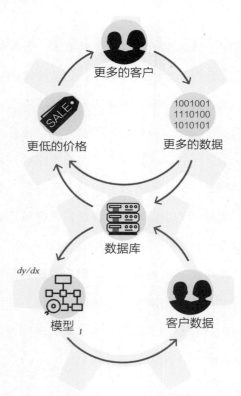

图1-8　数据学习效应造就成本优势

数据学习效应与价格优化

数据学习效应可以实现更准确地定价。价格合理的产品销量更大，更多的客户就能够收集更多的数据，从而为数据学习效应提供动力。成本优势不同于价格优化，更好的定价可以助推数据学习效应。

定价是一种信息游戏，通过准确地计算出某人将为某事支付多少钱来赢得胜利。预测系统用于定价实验，以生成测试价格。开展定价实验的一种方法是根据经验观察、猜测或其他因素来选择价格；另一种方法是使用之前实验的数据，来预测什么样的价格可能被接受。第二种方法更有可能找到最合适的价格。

电子商务网站通常会进行个性化定价。一个购物者看到的产品价格通常与另一个购物者在同一个网站上看到的价格不同，或者同一个产品，购物者在手机上看到的价格可能与在笔记本电脑上看到的不一样。这是因为人工智能在不断地运行实验，根据客户的身份（是否登录到包含以前购物和客户统计信息的配置资料）、居住地、刚刚点击的内容等，来确定他们可能会为某件商品支付多少费用。复杂的购物网站在每个人身上使用数百个数据点，从客户偏好的数据集，以及不同人群的数十亿数据点，到产品定价。这些网站经常举办一些可能会赔钱的促销活动——以低于成本的价格销售产品——但这最终会产生一些关于客户购买意愿的有用数据。

　　手动个性化过程应该包括观察，利用观察来确定实验使用的下一个价格，然后开展下一个实验，并进行更多观察，以此类推。自动个性化过程可能需要使用机器学习，方法是将数据输入一个系统，该系统会根据它认为的达到最优价格的曲线梯度生成一个要测试的价格。

　　航空公司开发了一些最早的价格优化系统，通常被称为收益管理系统，该系统根据各种变量对每个座位进行定价，例如：飞机上的座位数量、飞机在既定航线上的飞行成本、座位位置、一年中特定时间的预期需求等。这些系统依赖于线性优化数学概念，这是一些机器学习系统的基础。如今，这些系统为座位定价，而且频繁改变价格，同时将这些价格分发到无数可以购买机票的地方。

　　此外，还有一些销售给企业的软件产品的预测定价示例。其面临的挑战是，关于商业客户将为一个产品支付多少费用的数据通常较少，不仅因为他们很少做出较大的购买决定，还因为他们在做这些决定时的行为，不像消费者浏览购物网站那样容易被观察到。

　　如果将利润重新投资到数据学习效应，就会产生更好的定价，而更好的定价就会带来更多利润，同时提高数据学习效应。

- 更好的定价产生利润，从而为机器学习的研发提供资金。

- 更好的定价可以吸引客户，进而获得更多数据（无成本），创造更多利润，从而加大对研发的投入。

- 更好的定价意味着更少的销售和营销支出，创造更多的利润，从而加大对研发的投入。

数据学习效应的局限性

网络效应具有局限性，人们对效用随着网络规模的扩大而增加的假设产生了质疑。有时，这些局限是外在的。例如，当覆盖网络的产品在市场上达到垄断地位时，政府对网络所有者采取监管行动。有些时候，局限来自内部。比如，为网络产品提供服务的技术，在一定范围内出现了崩溃。有时，产生网络效应的产品在一定的网络规模之外，并不会变得更有用。例如，你在脸书上拥有的第510个朋友，不一定比你第50个朋友好；一旦网络发展到一定规模，你就不再和它们或者产品打交道了。

数据学习效应同样面临着一些限制。有时，这些限制来自外部，例如，政府为了打破数据所有者在市场上的垄断地位，而对其采取监管行动。有时限制来自内部。例如，数据过于昂贵而无法存储和管理。添加数据点会增加数据提取、转换、准备、清理、加载和存储的成本，甚至会降低数据规模回报率。例如，向客户关系管理系统（CRM）添加更多关于每个客户偏好的数据，就需要更细粒度的标签，来对数据进行有意义的分类。添加数据也可以增加所需的输出维度数，换句话说，就是预测必须显示的内容。有时，随着信息的增加，产生网络效应的产品并没有边际效用。例如，谷歌地图或者Yelp上咖啡店的第三百条评论，并不一定比第三条评论有用。总分也许更可靠，但没有人读那第三百条评论。数据并不总是越多越好。

数据学习效应在获取新数据方面具有局限性，会增加产品制造成本，还无法生成新的信息。获取更多数据的价值，需要从技术和实践层面进行考虑：额外的数据必须使模型更准确，而更高的准确度，对客户来说一定是有用的。

○ ○ ○ 本章结论：现在怎么办？ ○ ○ ○

我们有恰当的词汇来描述公司如何集体快速地从数据中学习。这些公司在下列几方面取得了跨越式发展：从口头到数字的信息分发，从手动到自动的信息共享，从在自己的大脑中学习到跨大脑的学习，从在湿件上学习到在硬件上学习，从一个节点上的学习到网络中跨节点的学习。这些公司都是人工智能优先公司。

　　我发现，网络效应在人工智能优先公司和在社交网络中发生的方式不一样：它的发生是因为一个用户与其他用户发生了关系，而这种关系由此不断升级。只有在努力收集和处理数据之后，数据网络效应才会出现。这有时需要数年时间，而不是仅仅通过做出正确的技术选择就能产生。拥有能力非凡的人才至关重要，因为他们知道数据是什么，在哪里以及为什么它们与待解决的特定问题相关。我看到一些公司通过这种努力学到的东西是强大的。当数据学习效应介入时，这些公司不仅吸引了更多客户，还获取了相关业务的专有信息，这些信息有助于找到使核心流程自动化的方法。这种自动化能够让客户的业务更加有利可图，同时也会让人工智能优先产品更加受人青睐。

　　下面的路径描绘了人工智能优先公司的学习历程。首先，学习如何获取和评估数据；其次，学习如何建立一个人工智能团队来处理这些数据；最后，学习如何构建使用这些数据改进产品的模型。这样一来，我们就可以在数据学习效应中获得竞争优势，从而实现相当程度的自动化。接下来的问题是，如何利用自动化节约的成本，我们将在本书的最后一章"优势聚合"中对其进行讨论。数据学习效应之旅如图1-9所示。

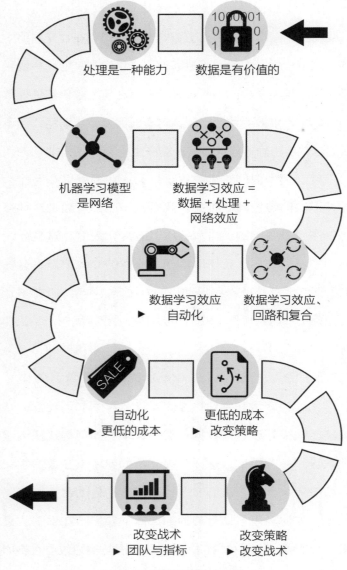

图1-9　数据学习效应之旅

● ○ ● 本章要点 ● ○ ●

◆ **从自动合成的数据中积累信息是一种数据学习效应**。构建数据学习效应的步骤是：①捕获临界数量的数据；②发展将数据转化为信息的能力；③将这些信息输入一台计算机，运行这些数据，从新的数据点开始学习。

◆ **与数据处理能力和数据网络效应相结合，数据可以产生边际输出**。数据学习效应明确了围绕数据的价值链。

◆ **数据学习效应十分独特**。它们从供给侧的竞争优势开始，启动需求侧的竞争优势，并将资源访问特权与将该资源转化为有价值资源的能力相结合。

◆ **数据网络效应与普通网络效应不同**。网络效应和数据网络之间的差异，在于添加到网络中的内容。有了网络效应，网络节点之间的连线（边缘）可以发挥其功能并实现通信。有了数据网络效应，边缘就具有了信息性，并能够计算。

◆ **数据规模效应不仅仅是数据规模经济**。更多的数据不会自动产生数据网络效应，但可能会导致规模效应，处理或获取数据的成本随着规模的增加而降低。

◆ **有两种类型的数据网络效应：入门级和下一级。** 入门级能够看到数据的添加产生了积极的效应，但到下一级时，添加数据加上人工智能会产生积极的效应。第一种更容易构建，但第二种增长更快。

◆ **下一级数据网络效应生成免费数据。** 入门级效应需要来自网络外部的数据。下一级效应从网络内部生成数据（反馈数据），产生具有更高复合效应的数据价值。

◆ **更好的智能形式来自自我生成的数据网络。** 入门级数据网络效应提高了我们自身的智能。下一级数据网络效应可以加快我们的学习速度。

◆ **具有数据学习效应，赢家可以通吃。** 人工智能优先产品具有很高的数据规模经济，客户之间对多样性的需求也很高，因此这些产品可以在一个转折点之后主导一个行业。

◆ **数据学习效应使产品更便宜。** 数据学习效应通过降低获取和处理数据的成本，同时为客户提供更多的价值，从而实现成本优势。

◆ **数据学习效应使产品定价更容易。** 建立一个独立的智能系统，在不同的客户群中进行价格试验，并优化定价。

◆ **数据学习效果有局限性**。它们会受到周边技术规模、数据存储成本、对客户缺乏边际效用，以及监管措施等的限制。

THE AI-FIRST COMPANY

第二章

精益人工智能

让我们选择一条通向构建人工智能的捷径，在构建数据学习效应的每个组件之前，先缩小现在的工作范围。本章探讨的是如何利用现有资源开始项目建设，下面的章节将对数据学习效应的每个组件进行分解：获取数据、组建处理数据的团队，以及创建产生数据网络效应的模型。

一开始你的客户可能不需要人工智能，只需要一些统计分析或许就足够了。于是我们采用了一个新的词语来描述精益人工智能方法，并展示其与用来谈论上一代软件和初创企业词汇的差异。准确度是人工智能优先产品的性能，而预测就是产品。

接下来的章节通过介绍如何获取数据、构建人工智能模型、创建一个自我强化的循环，以及如何从人工智能中获得利润，让精益人工智能系统变成现实。

记住：任何公司的任何人，都可以开始构建人工智能系统了。你准备好了吗？

客户需要什么？

客户不一定会说他们需要什么，正如汽车制造商亨利·福特（Henry Ford）所说："如果我当初问人们想要什么，他们会告诉我，他们想要跑得更快的马。"产品设计在人工智能出现之前就已经存在。本节将对设计满足客户需求的产品原则进行概述（见表2-1）。

表2-1　设计满足客户需求的产品原则

类别	演绎法	归纳法
研究	联系客户	开展调查
设计	按规范设计	凭直觉设计
测试	从客户那里获得反馈	跨客户群进行定量测试
市场	企业	顾客
运动	向心	离心

　　了解客户需求可以是归纳式的：提出问题，倾听，推断需要什么，然后构建它。在某个行业里没有太多经验的创业者，通常会在创业前通过提出很多问题来归纳出客户的需求。归纳过程的重点是从一组潜在客户那里获取信息，发现一个需求趋势，并提出一系列功能来满足这一需求。这通常包括调查、提出一个设计、对不同的潜在客户群体开展测试，以及对设计进行迭代。这是一个离心过程：在确定客户需要（需求）之前，先分析大量有关人们购物（供应）的数据。许多消费品都是这样设计的，因为潜在的客户群十分庞大。

　　弄清楚该为客户提供什么可以是演绎式的。当代的创业者通常会通过观察过去的情况和添加新产品，来推断出应该提供什么。演绎过程的重点是从一个客户那里获取信息，以判断供应趋势，并制定产品特征列表。这通常包括打电话给客户、提出设计方案、召开大量会议来改进设计方案，以及收集产品推出后的反馈。这是一个向心的过程：逐步缩小产品规格范围，以满足客户需求。许多商业产品都是这样设计的，因为潜在客户的数量很少，所以有可能与所有客户进行交流。

　　下一个问题是：为了表现优异，原型产品需要人工智能的加持吗？要回答这个问题，必须先弄明白：客户是否需要生成一个观点？是否需要做出一个预测？以及是否需要让一个流程自动化？

客户需要人工智能吗？

　　人工智能的承诺是，可以帮助客户做出更好、更快的决策。客户需要多少人工智能，取决于他们所做决策的类型，以及所依据的数据。这里有一种方法可以对手头的决策和数据进行分类，从而确定客户需要的是人工智能还是分析法。无论他们需要什么，首先要做的就是将决策类型和数据放入决策树中。精益人工智能决策树如图2-1所示。

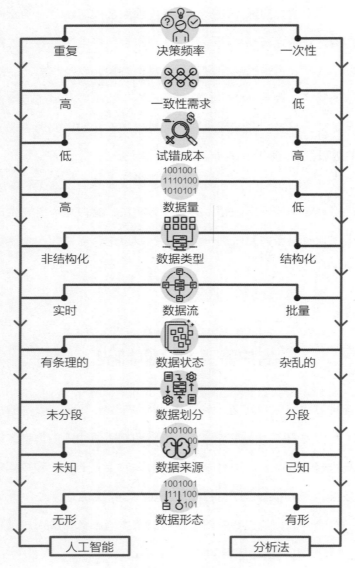

图2-1 精益人工智能决策树

　　浏览此决策树并依次做出选择以衡量人工智能和分析法哪边被选择次数更多。如果分析法更多，那么，客户可能需要数据的功能，比如记录、清理和操作——换句话说，像算出平均数这样的数学运算——但这绝对不是人工智能。如果人工智能更多，那么，客户可能需要人工智能功能，例如数据的分类、分割和操作。

　　事实上，即使客户最终需要的是人工智能，但他们也可能既需要非人工智能，又需要基于人工智能的方法，因为构建人工智能是一个渐进的过程。换句话说，构建人工智能之前的步骤是数据工程和数据科学。数据工程包括检测数据源以便持续收集好的数据、构建存储数据的基础设施、从现有数据存储中提取数据、转换与现有数据结构不匹配的数据，以及让数据加载到不同的数据库变得更容易。数据科学包括检测异常、建立分析流程定期对数据进行分析、分割数据、聚合数据集以放入对应模块中，以及找出算法的哪些功能可能预测有用的东西。

　　然后才是人工智能。通过人工智能，我们开始测试这些功能是否可以预测某些东西、对更多数据进行更多实验、设计新算法、训练模型，并将它们应用到现实世界中。这将是一个与客户联合的过程：不管是分析法还是人工智能，先要弄清楚他们需要什么，通过数据工程、数据科学和机器学习工程来构建一个小模型。这些测试可以指导如何包装人工智能模型，如何建立正确的团队将该模型推向市场。与软件接口不同，人工智能模型很难模仿。要做到这一点，可以手动模拟人工智能模型，生成预测，以获得客户的响应。手动模拟是自然有效的第一步。看到、听到和感受到客户的需求，能够让我们对下一步的投资方向做出明智的判断，这很可能会把这门技艺变成一门科学：数据科学。

从小处着手：统计

想了解客户说了什么，以及他们的数据表示什么意思时，从统计做起是有意义的。客户有问题，数据能够提供答案，而数据科学则是将两者联系在一起的纽带。一旦客户说出他们想知道什么，而数据又显示他们已经知道了什么，那么，数据科学就可以从数据中推断出他们将来想要知道什么。

人工智能可能会分散注意力。向神经网络中输入大量数据，不太可能为客户带来有益的结果，因为数据与人工智能合作很难，需要使用更多的数据，进行数据清洗，调整模型，还需要做很多与为客户争取时间和预算无关的事情。

相反地，有许多非人工智能工具有助于计算模式，并确定哪些成分会影响到其他成分。可能是用铅笔画的数据科学版本：在直方图或散点图上绘制结构化数据，以了解数据背后的情况。或是通过聚类，使用无监督机器学习对相似对象进行分组、降维、转换数据（使用主成分分析），以减少每个数据点相关的测量。使用聚类工具以精确定位潜在原因——机器学习模型的预测功能。找出一个原因后，通过训练一个随机森林或一棵梯度提升树，开始进行各种原因的组合，然后绘制变量重要性图和部分图，看看模型发现的关系是否合理。图像、语音和文本可能需要不同的方法，包括提取预训练的神经网络。基本上来说：首先要做的事情就是使用一种统计方法得到一个答案，然后利用这个答案，通过另一个统计方法得出下一个答案，最终形成人工智能。关于机器学习的投资回报率的观点如图2-2所示。

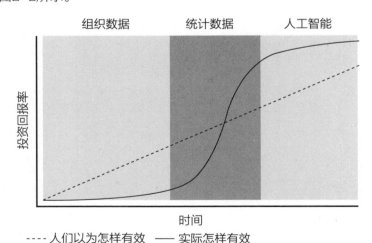

图2-2　关于机器学习的投资回报率的观点

你可以这样理解：尝试一种统计方法，然后将多种方法分层并交织在一起。后者是一种神经网络：一个由许多方程组成的网络，这些方程的结果会输入到它们上面一层的其他方程中，接着输入到它们上面的更多层中，以此类推。这是神经网络的"网络"部分：方程在不同抽象层之间的接口。在方程组之间产生一系列会话之前，先用一个方程进行一次对话，看看它是否回答了客户的问题。

我们读这本书不是为了建立一家数据科学咨询公司，而要从数据科学开始建构数据学习效应。大多数人工智能模型都基于统计方法。当客户有足够的时间和资金来构建人工智能时，从统计开始，可以顺利达成目标。

从小处着手：数据科学

与一个足够大的团队使用机器学习解决一个模糊的问题相比，由一个数据科学家解决一个定义明确的问题，可以节省时间和金钱。请一位数据科学家担任客户顾问，为单个问题提供个性化、数据驱动的答案，以证明投资回报率。让我们将这种方法与使用机器学习同时回答多个问题进行对比。一次性机器学习与自主机器学习的对比见表2-2。

表2-2 一次性机器学习与自主机器学习的对比

类别	一次性机器学习	自主机器学习
数据采集	手动获取	通过直接连接数据库自动获取
数据准备	无准备——选择干净的数据集	清洗并标注多个数据集
存储	本地	云端
数据管道	一条管道	多条管道
功能开发	找到一个功能	尝试许多功能
训练	一次运算	多次运算
计算	本地中央处理单元（CPU）或图形处理单元（GPU）	云端图形处理单元
建模	一个模型	模型网络
部署	本地	云端
呈现	打印一份报告	构建一个接口

回答一个问题意味着使用一个可能有该问题答案的数据集，而不是从多个来源收集数据，然后清洗（并标注）该数据。它还需要开发一个预测功能来找出答案，而不是开发多个功能，让机器学习模型执行这个任务。具有一种功能的模型可以在一台笔记本电脑上运行，而具有多种功能的模型，则需要在多个更强大的电脑上运行。在打印报告中呈现答案所需的工程量，比构建一个接口来更改参数和查看答案所需的工程量要少。连接数据库、做数据清洗、创建数据管道、开发功能和设计接口，是一些艰巨而无法回避的工作。

还有证据表明，从数据科学开始也是可行的，Kaggle^①就是一个例子。Kaggle聚集了数量最为庞大的数据科学家和机器学习工程师，他们彼此竞争，解决问题，赢得奖励。结果是，数据科学方法得到了帕累托最优解（即投入20%的精力获得80%的收益）。通常，只有最后20%需要数据科学。具体来说，数据科学方法，如决策树的集合——无论是随机森林还是梯度提升——再加上手动功能工程，可以在绝大多数结构化数据竞争中获胜，而神经网络则可以在绝大多数非结构化数据竞争中胜出。

从小处着手：数据

实验阶段不是构建"粗"数据管道而是追求精益的时候，因此，有必要在这里快速转换一下话题，讨论如何获得足够的数据来构建人工智能。

我们希望，这意味着数据库中只有一组数据，并且通过一次查询便可以检索到。最好的起点应该是客户首先猜测哪些数据可能具有预测性，因为客户比任何人都更了解自己的领域，并且可能试图使用其他方式解决手头的问题。

---

① 一个2010年创立于墨尔本，主要为开发商和数据科学家提供举办机器学习竞赛、托管数据库、编写和分享代码的平台。——编者注

接下来是数据准备，如果运气好的话，在这个阶段，从单个数据源获取的数据将是最少的。下一步是使用相同的度量单位和文件类型，对数据进行格式化处理。做数据清洗以填充缺失的值、删除重复项和错误的值，通常是必要的，但这一步的工作量同样因为数据来自单一数据源而被最小化。最后一步是确保模型有效地计算这些数据。大多数情况下，这不是小规模实验考虑的主要因素。以下不是现阶段要做的事情。

- **不要贴太多标签**。从一开始就确定客户拥有哪些可能具有预测性的数据，可以省去耗时且成本高昂的数据标注任务。

- **不要从多个来源获取数据**。这样做需要获得额外的授权、构建更多的集成，还需要更多的规划。相反地，应该从一个数据库中选择一个数据集，运行一个实验，然后，只有当该数据集没有任何预测能力时，再获取下一个。

- **不要使用敏感数据**。匿名数据代价高昂，可能会扰乱结果。但是，主要还是避免为数据泄露担负责任。

- **不要建立单独的数据库**。相反地，只需将数据下载到安全且延迟较低的地方，例如本地计算机即可。

- **不要建立数据平台**。确定整个团队用于探索和管理数据的所有工具。需求很可能会改变，因此，建议将数据平台建设推迟到项目开始之后进行。

数据平台的建设也可以围绕着 "数据湖" 的构建展开，"数据湖" 是一个通常用于描述大容量数据存储系统的术语。这也是对过度投资数据基础设施的警告。是的，大多数客户都有数据质量问题，他们的数据存储在多个数据库中，标注错误且价值缺失。然而，现在不是解决这个问题的时候。相反，现在是证明作为一家能够建立真正有效的人工智能公司的价值的时候。然后，当人工智能需要使用来自整个组织的数据时，就可以开始构建数据湖，采用元数据管理流程，测试ETL（提取、转换和加载）产品，这些产品可以将一些数据处理步骤自动化，手动（重新）标注数据，聘用数据管理员以确保遵守数据标注标准，或者实施大型咨询公司和数据产品供应商倡导的任意数量的最佳实践。而第一项工作就是提供一个有用的预测。

从小处着手：销售

从一个小且定义良好的项目开始，可以更容易地与客户建立信任，访问其数据，了解他们与遗留数据工具的交互方式。

从小处着手可以提高买家的参与度，因为这意味着一次只与一个利益相关者合作，回答他最紧迫的问题。倾听客户的问题并提供答案，可以促进彼此之间的信任。当人们对模型能力的期望——通常根据模型的准确度来衡量——得到满足时，参与度就会增加，而满足这种期望的最好方法，就是解决小而容易处理的问题。然而，当数据隐私和安全问题出现时，参与度会受到抑制，但从单个数据集开始可以防止出现此类问题。

从小处着手，解决一个数据集中的一个数据问题，可以减少处理来自多个数据库的不良数据。从一个算法开始可以减少解决方案中任何一部分出现问题的可能性，因为它只由一个部分组成。从一个算法开始还可以让部署变得相对简单，因为遗留系统上只运行了这一种算法，它可以是仪表盘上的视图、过程结束时的运算，或者附加在一组正在生成的规则末尾的规则。

从小处着手意味着以一种便于团队使用的方式向团队提供预测。对于那些以前没有接触过人工智能的人来说，这一点尤其重要。他们经常想弄清楚预测背后的"理由"，从小处着手让解释"理由"变得更加容易。为了定制消费，需要询问客户希望如何获得答案，是想通过报告、电子邮件、电子表格，还是仪表盘。

从小处着手，只需回答一个问题，针对一组利益相关者，使用一种方法，就能让销售、模型和产品取得成功。然后为最积极的客户选择下一个最好的问题并加以解决，从而提高他们的参与度。

概念验证

客户经常会提出是否以及如何进行概念验证的问题，因为与顾问、初创企业或者成熟的软件供应商合作需要资源，而这些资源应该能够更好地分配到客户现有的业务上。这就是为什么大公司更喜欢从一个可控项目开始，进行概念验证的原因。

人工智能优先产品往往需要进行概念验证，因为产品价值主张的核心是做出准确的预测，潜在客户需要知道模型在他们的数据和环境中运行时的准确度。这与标准软件产品不同，标准软件产品的价值主张基于一组易于演示且供应商之间差异不大的功能。

要想使概念验证获得成功，就需要围绕准确度、时间表和成本设定明确的期望。以下是好的概念验证所需的简单要素。

● **准确度：**基于对技术可行性的诚实评估，为预测设定基准。例如，写这段文字的时候，实现完全自动驾驶的汽车还没有制造出来，但用于探测坑洞和提醒维修人员的传感器已经表现得相当好。设定基准的外在方式是基于客户通过自己的努力已经达到的准确度。

- **企业目标**：这是最接近客户赚钱所需的指标。一个企业通常对自己的目标有很好的了解，但人工智能如何帮助其实现这一目标，有时他们需要一些帮助，以便找到合适的方法，然后将概念验证期间要达到的目标与后续实用阶段要达到的目标区分开来。

- **数据**：列出所需的数据源，并确定它们是否可用。通常，80%构建人工智能的时间用于准备数据，另外20%用于创建模型。

- **依赖性**：记录对遗留系统的依赖性，以缓解问题。

- **团队**：限制团队成员，在利益相关者参与度与完成工作之间取得平衡。

- **时间表**：评估要构建什么，需要多长时间，以及达到精度基准需要多长时间。帮助客户了解，达到80%的准确率可能只需要20%的时间，但完成剩下的20%可能会消耗80%的时间。

- **成本**：在搞清楚所需的时间、找好外部顾问、对数据进行标注以及计算好工程时间之后，算出总成本。

完成概念验证之后，你需要制订一个计划，寻找达到更高的精确度的方法，并基于这种准确度重新设定客户期望值。

精益人工智能

上述过程即所谓的精益人工智能，其目的在于构建一个小而全的人工智能，来解决某个特定问题。该过程不仅可以帮助新公司，也可以帮助老公司，将其转化成人工智能优先公司。

建立精益初创企业与建立精益人工智能的目标不同。你不是想创办一家公司，而是想为现有的公司完成一个项目。你不是想把产品推向市场，而是想让你的模型足够准确。你不是想让产品具有出色的功能，而是想让你的模型功能出类拔萃。结果是预测，而不是计算。客户工作流程中预测的功能和表现没有准确度和可靠性重要，表2-3说明了以上两种情况所对应的不同重要事件。

表2-3　精益初创企业与精益人工智能的重要事件

精益初创企业	精益人工智能
最小可行性产品	最小预测精度
产品功能	模型功能
输出一个产品	输出一个预测
性能	准确度
实用性	可靠性
产品用途	预测接受度
创办公司	推出人工智能优先产品

创办精益初创企业与构建精益人工智能不同，表2-4显示了该过程每一个步骤的差异。构建精益人工智能时，你不是在构建产品和公司，而是在生成预测和构建系统。你展示的不是样品，而是报告。反馈不是定性的（产品是否易于使用），而是定量的（预测是否足够准确）。

表2-4　创办精益初创企业与构建精益人工智能的差异

步骤	精益初创企业	精益人工智能
0	了解客户的问题	
1	确定产品功能	确定模型功能
2	生产一件产品	生产一个预测
3	展示一件样品	提交一份报告
4	接受定性反馈	接受定量反馈
5	开发更多功能	收集更多数据
6	再次投放产品	重新训练模型
7	测量用途	测量准确度
8	创建一家公司	发布一款人工智能优先产品

把MVP放在一边

精益初创企业推广了最小可行性产品（Minimum Viable Product，MVP）概念：客户需要的最基本的一套实用性产品。向客户展示和销售产品之前，需要对其功能进行定义，这样可以合理地安排生产时间。也就是说，不浪费时间去制造顾客不太可能想要的东西。

这本书使用了预测可用性阈值（Prediction Usability Threshold，PUT）概念：计算机所做的预测开始对客户有用的那个临界点。该阈值可能正好出现在电脑所做的预测比人类的预测更好的那个点。然而，即使有时电脑的预测没有人类的准确，但它依然是有用的，因为来自计算机的预测一致性更高。记住，人工智能世界中的"预测"可能意味着分类，比如对照片中的桥梁类型进行分类。定义此阈值的原因是，向客户展示和销售预测之前，需要对构建和调整生成预测模型的时间成本进行优化。也就是说，不浪费时间获取数据和构建模型功能，因为这些功能不会使预测对客户更有用。

对客户来说，预测可用性阈值既微妙又具体。大多数模型并非只有达到100％的准确度才有用。有时，当模型用于做出关键决策时，预测可用性阈值将非常高。弄清楚客户何时、如何以及为什么需要一个特别的预测，有助于确定预测可用性阈值。理想情况下，在该阶段，预测可用性阈值、客户投资回报率和概念验证等指标是相互关联的。

重新定义功能

产品功能与模型功能类似。在产品开发领域，功能就是帮助用户输出计算结果的软件功能。在机器学习领域，功能就是一组数学函数，输入数据输出预测。产品的功能一定要有实用性——能够快速计算——而模型的功能一定要有预测性，或者说能够做出准确的预测。产品的功能决定了客户可以用该产品做什么。模型的功能决定了客户可以通过模型预测什么。

功能构建需要输入数据，执行大量计算，并由经验丰富的机器学习工程师进行精确调整。数据收集、计算和聘用机器学习工程师需要花很多钱。因此，谨慎的做法是，先弄清楚客户究竟想要什么样的预测，然后确定获得预测可用性阈值所需的功能。对功能进行定义之后，就需要获取训练数据、构建可以获得预测可用性阈值的模型、在真实数据上进行测试、获取反馈数据、测量投资回报率，然后将其打包交付给客户。

选定功能

在上述统计工作之外，构建精益人工智能还需要一个步骤：开发首批模型。通常的做法是，对一些客户的数据进行简单的运算并生成一个预测，即使这个预测准确率很低，或者低于预测可用性阈值。为这些初始模型选定功能可能涉及以下工作：

- 与客户或其他领域专家交谈，了解因果要素；

- 建立一个接口，当预测不合理时，顾客可以通过其否决该预测；

- 设置回看功能，以便查看一些数据是否与其他数据相关；

- 使用聚类法查看数据中是否存在趋势，或创建用于构建模型的较小集群；

- 在模型之上运行一个随机森林算法，看看随机决策规则是否能得出合理的结论；

- 重新调整在类似数据集上训练的模型的用途，或者尝试迁移学习，这是一种把一个数据集上训练的模型应用于另一个数据集的技术。

将选定功能过程展示给客户，可能会激发反馈，为筹划下一次实验收集有用的信息。

○　○　○　本章结论：从多层到精益　○　○　○

如果仅仅是机器学习框架就要搞几个月的时间，那么，这也许意味着你永远不可能有产品推向市场。重新思考之后，你发现了一个直截了当的方法，那就是与潜在客户交谈，将他们的话提炼成几个问题，然后采用统计学方法予以解决。搞技术框架很有趣，但我希望，本章所描述的业务框架也同样有趣，正如你冒险进入新的问题空间寻找形成全新产品和全新业务基础的解决方案那样有趣。

　　图2-3包含了以精益方式构建人工智能的路径（精益人工智能流程）。底部的矩形表示与客户合作时要记住的垂直整合程度。获取足够的数据，以训练模型在现实生活中进行测试，收集反馈信息，测量投资回报率，并将模型打包成能够说服客户与你继续合作的东西。以统计数据为起点是一个安全的做法。但你的目标是建立一家人工智能优先公司，而不是一家数据科学咨询公司。通过使用精益人工智能流程来了解客户的问题，选择其中的一个问题，并提供独立的解决方案，从而建立一个人工智能优先公司。精益人工智能是试图从一个小样本数据中做出预测的过程，预测的结果将呈现给利益相关者，以了解他们期望得到的功能完备的产品是什么样的。从精益人工智能流程做起，就像在吃掉整个馅饼之前，你先替自己和顾客尝一口一样。使用精益人工智能流程交付产品，能够让你在接受更高的客户期望、更困难的建模挑战和面对更多数据之前获得快速反馈。有了精益人工智能，任何人都可以开始建立一个人工智能优先公司。精益人工智能堆栈如图2-3所示。

反精益人工智能的初创企业

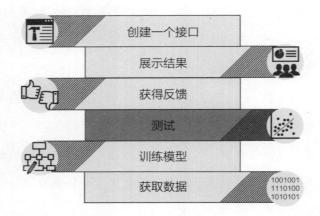

精益人工智能的初创企业

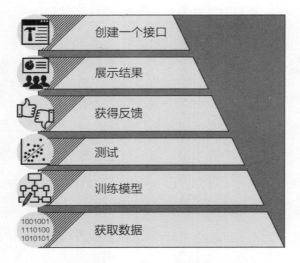

图2-3　精益人工智能堆栈

●　○　●　**本章要点**　●　○　●

◆ **首先要构建的可能不是人工智能。**客户可能既需要
　非人工智能方法，也需要基于人工智能的方法。

◆ **从统计开始。**用一种统计方法得到一个答案，然后
　用另一种统计方法找出下一个答案。许多人工智能
　的创建是基于实验数据科学确定的功能。

◆ **从一个问题开始。**关注一个数据集，从一个问题开
　始，避免处理来自多个数据库的庞杂数据。

◆ **从单一算法开始。**这样做可以降低解决方案崩溃的
　风险。

◆ **概念验证证明准确度。**人工智能优先产品往往需要
　概念验证，因为产品的价值定位是预测。潜在客户
　需要知道，根据他们的数据和他们所处的环境所做
　出的预测是否准确。

◆ **精益人工智能是一个构建人工智能优先产品的过
　程。**这个过程就是利用人工智能解决一个特定的问
　题，构建一个小而全的，既可以扩展到其他领域，
　又可以专注于一个领域的人工智能。

◆ **构建精益人工智能的过程与建立精益初创企业的过
　程不同。**当以精益方式构建人工智能时，建立精

益初创企业的目标也有所不同。该目标不是生产出最小可行性产品，而是获得预测可用性阈值。产品功能与模型功能相比，后者更重要。输出是预测，而不是计算。在客户的工作流程中，预测的性能和功能不如准确度和可靠性重要。在客户的工作流程中，预测的表现和功能不如准确度和可靠性重要。

◆ **不同类型的客户需要不同级别的准确度**。每一个客户都有一个阈值，在该阈值下所获预测对其业务是可用的，该阈值称作预测可用性阈值。

◆ **重新定义功能**。在产品开发领域，功能是帮助用户执行输出计算结果任务的软件功能。在机器学习领域，功能是一组数学函数，输入数据，输出预测。产品功能要具有实用性（能够快速计算），模型功能要具有预测性（能够准确预测）。

THE AI-FIRST COMPANY

第三章

获取数据

成立公司的目的就是创造收益，人工智能优先公司也不例外，只不过他们是通过数据来赢利的。获取数据是建立数据学习效应的第一步。

数据学习效应=数据规模经济+数据处理能力+数据网络效应

在21世纪的第二个十年，随着数十亿台设备连接到互联网，世界上的数据量急剧增加。获取数据似乎非常重要，但获取数据的资金却十分有限。数据本身就是一项独立的宝贵资产，因为它可以提升数据学习效应。与其他战略重点相比，人工智能优先公司将更多的资金、时间和精力放在了获取数据上。但如何获取独特的数据呢？数据策略从哪里开始？本章介绍了迅速确定数据采集项目范围的数据评估方法、从何处查找数据，以及如何从头开始创建数据（如图3-1所示）。

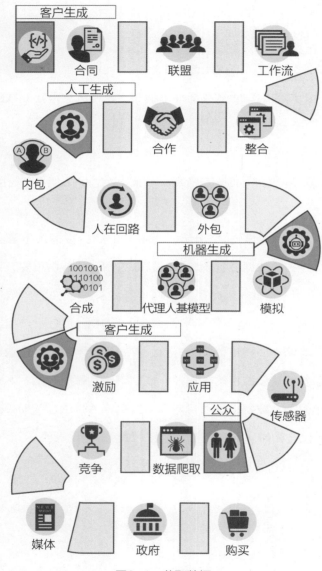

图3-1 获取数据

评价

在投资数据采集之前，需要建立一个数据评估框架（如图3-2所示）。

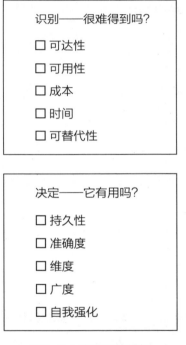

图3-2 数据评估框架

根据他人获取数据的困难程度，有五种方法可以用来评估数据的价值（与其对数据获取方的最终用途相反）：可达性、可用性、成本、时间和可替代性。

可达性

你难以获得的数据，其他人可能同样难以获得。举个例子，为了获得数据需要去一个特殊的地方，比如当地的议会办公室，手动收集纸质文件，然后复印，通过光学字符识别软件对其进行处理，最终将复印机上的图像转换成计算机可以读取的文本。

根据与数据集相关的合同或政策，对数据未来是否难以获得进行评估非常重要。通常，这可能涉及数据所有者对来自外部访问的限制。例如，政府机构和私人供应商在开始收取访问费用或停止数据流通之前，通常会在一段时间内免费公开数据。

可用性

对其他系统来说，从特定系统提取数据所需的时间可能是一个障碍。有些系统只允许以非常慢的速度获取数据，原因可能是运行这样一个系统的成本很高，需要根据不同的速率限制对数据产品进行分级。其中一个例子就是金融市场数据，市场数据提供商只允许在特定的、相对较长的时间间隔（通常为几十微秒）内访问股票价格报价，如果想在较短的时间间隔内获取报价，客户需要支付更多的费用。付更多的钱从而更频繁地获得信息，可以让客户在利用这些数据做出重要决策时拥有竞争优势。例如，几微秒的差异可能会让人工智能优先的交易系统碾压竞争对手，从而进行有利可图的交易。

成本

数据供应商收取费用是获取数据的一个明显障碍。有时，该费用由供应商以美元为单位明确规定，但有时，收费形式却不是那么明确，可能是与数据供应商达成收入共享协议，也可能是要求访问者购买访问数据所需的昂贵软件。例如，总部位于纽约的金融数据和媒体公司彭博新闻社（Bloomberg）提供的一台终端机，每月租金高达数千美元，而它只不过是一台由一般商用部件组装而成的普通电脑。然而，通过它就可以访问金融市场高质量的实时数据。获取数据的费用有时可以以非货币形式支付，例如在访问供应商数据之前提交自己的一些内部数据。鉴于并非所有数据对每个人都具有同等价值，公司很难评估贡献数据的确切成本。然而，贡献数据要求是否对竞争对手构成障碍，可根据要求提交的最低数据量、格式，以及每行的完整性进行评估。要求越严格，竞争对手就越难贡献数据，也就越难访问供应商提供的数据。

时间

收集数据所需的时间是决定你是否会在数据收集方面领先竞争对手的关键因素。一些数据能够以一定的速度积累：例如，天气数据与太阳的公转息息相关，就业数据则由相关政府部门收集及公布的速度决定。因此，要想获得足够多这样的数据，只需长期收集即可。

可替代性

数据的可替代性或可互换性，会对其他人是否能够使用该数据实现相同的目标造成影响。可替换的数据可以被替换为不同的数据（可能更加便宜），而不会对基于该数据做出的决策的质量产生负面影响。例如，你可以使用来自任何新闻网站的文本来训练模型，以理解句子模型的一般含义。

还有五种方法可以根据数据的最终效用（与其他人获取数据的难度相反）来评估数据的价值：持久性、准确度、维度、广度和自我强化。这不是那么明确的，因为它取决于数据的预期用途。

持久性

数据消失的速度决定了相关性。旧数据也许不再代表现实状况，因此可能会导致模型生成无效预测。例如，股票的价格几乎瞬息万变，因此，一秒钟前的价格与一微秒前的价格并不必然相关（取决于人工智能优先交易模型用于预测股价的功能）。其他类型数据的保存期限可能很长：包括珠穆朗玛峰高度在内的地图数据将不会（有太大的）变化，因此在很多年内都会保持相关性。然后是介于两者之间的情况，比如从调查中获得的消费者偏好数据。有时偏好是持久的，比如衣服的尺寸；有时是短暂的，比如可能只流行一季的款式。

持久性可以通过更新来延长。数据供应商或者数据源更新数据的速度会影响其持久性。有时，数据供应商会根据更新率分层定价，对更新的数据收取更高的费用。持久性高的数据通常不那么有价值，因为它需要持续地更新，这会提高计算和获取更多数据的成本。

准确度

数据的准确度决定了决策的可靠性。通常，确定准确度需要手动验证数据：例如，获取产品规格数据样本，比如电源电压——只有几行字，可以根据从制造商处手动收集的数据对其进行核对。有时，为了确保数据的准确度，供应商会提供数据准确度保证。最后，还有第三方可以按行业类别或者特定要求对系列供应商的数据准确度进行验证。

维度

数据中维度的数量决定了其与决策的相关性。维度是实体对象的属性。通常，体现在数据表中的列数上。例如，人口统计数据可以包括年龄、性别和收入等。

维度是决定价值的一个特别强大的因素；预期用途是训练一个机器学习模型，因为当模型试图学习数据中的形态和模式时，每个维度都会对其产生影响。

广度

数据的广度决定了它体现现实的程度。广度是实体数据或散点分布的数量，通常表现为数据表中的行数。广度意味着同一类型的示例更多，实体案例和边缘案例的属性也有更多变化。有时，通过连接不同来源或供应商的数据集，可以获得更大的广度，但这要求它们具有相同的属性。通常，通过排列属性并填充任何缺失的数据来组合不同的数据集，也可以获得更大的广度。

自我强化

随着时间的推移，自我强化的数据变得更有价值。自我强化体现在同一实体随时间变化的属性中，但可以用相同的方式进行测量。例如，员工的绩效反馈在某个时间点表现为一个值，在之后的某个时间点表示为另一个值，但后一个值加强了第一个值的价值。这是因为，如果两个数据点相同或趋势相同，它们会增强彼此的价值。

数量问题

获取大量数据一直是人们关注的问题，许多人经常为了获取更多的数据而放弃获得更好的数据。至于说哪种做法更好，完全取决于所做决策的类型，以及哪些模型——无论是使用人类智能还是机器智能——可能有助于做出这些决策。例如，训练一个模型识别图像中的某个东西，可能需要几百张被标注的图像，如果是未被标注的图像，则需要几十万张。因为不同的图像识别系统需要不同数量的示例和标签。在自然语言理解领域，在我撰写本书时，最先进的模型使用了4990亿个词元，而就在一年多之前，它只使用了100亿个词元。然而，识别法律合同中特定条款的模型，使用100份Word文档进行训练即可。在你读了这本书之后的几个月里，由于人工智能领域的发展，这些数字会发生变化。数据规模回报很少是线性的，这取决于决策类型以及决策所用的模型。数据量和价值如图3-3所示。

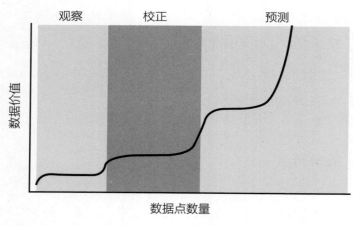

图3-3 数据量和价值

客户生成的数据

对于人工智能优先公司来说，最重要的数据来源可能是他们所服务的客户。毕竟，这些公司开发的产品是为客户提供商业或产业结果预测的，因此，预测模型基于这些客户的数据是合理的。客户生成的数据如图3-4所示。

图3-4 客户生成的数据

与客户签订的合同的相关权利

本节将介绍一些谈判协商数据权利的策略，并就如何通过数据撰写合同从而建立竞争优势，提供一些战术建议。这是一个机会，可以在传统知识产权战略之外，为现有企业和新兴模仿企业建立起强有力的保护。

轻装起步的优势

在21世纪初"云时代"到来之际，绝大多数大公司都不愿将数据委托给外部机构。对其中的许多公司来说，这是他们第一次被要求在异地存储数据。为了缓解这些担忧，云计算供应商通常会明确放弃他们管理的客户数据的所有权利。其中许多协议现在依然在执行，这阻碍了云时代公司构建智能系统的尝试。他们面对两种挑战，一是与现有客户重新协商数据权利，二是进行一场疯狂的数据采集。

然而，今天的人工智能优先公司可以接触到那些更愿意让第三方管理其数据的客户，使其能够就数据进行不同的对话。人们普遍认为，人工智能优先公司的知名度和地位都不如大型云供应商，从而导致其竞争力也不如后者。所以，他们更适合通过协商来解决数据权利问题。

协商

与客户协商数据权利是一个鸡和蛋的问题。能否获取数据取决于能否展示良好的结果，但人工智能优先产品需要数据才能产出结果。人工智能优先公司通过以下方法，寻找替代数据源来解决这个问题：

- 以中小型企业客户为目标，因为他们对数据权利或他们认为价值相对较低的数据持更加开放的态度，可能会明确地以数据权利换取更低的价格；
- 提供免费版本可以自由捕获数据但功能有限的产品；
- 以成本价销售辅助产品以获取数据。

其中许多外部数据源可以训练模型为商业客户提供预测可用性阈值。

结构

下面是一个非常普通的故事：一家初创企业找到一家大型公司，向其展示了一款令人难以置信的新人工智能优先产品，称该产品可以对烦琐的工作进行自动化处理。这家大公司同意试用并打算购买。不幸的是，合同被卡在了法律与合规部门：不允许初创企业访问他们的数据，以免操作不当或落入竞争对手手中。这家初创企业因此陷入了困境。

这家人工智能优先公司从谈判一开始就明确表示，他们的主要兴趣是从数据和数据应用中学习，如用户参与和交互数据、元数据和数据流信息等，从而避开潜在的关于合规性的担忧。下面，我们将介绍一些制定合同的方法，以获得客户数据使用权限，同时实现下列目标：

- 随着时间的推移，添加新的机器学习功能把模型做得更好——从而使产品对客户更有用；
- 使模型适应客户不断变化的情况；
- 防止竞争对手达到类似的效率水平；
- 拥有一份宝贵的资产。

实现这些目标需了解以下概念，这些概念最终将被纳入合同。

- **模型**。这些是用来为特定客户进行特殊预测的模型。模型可以是基于客户需求，通过微调特定功能而构建的东西，也可以是为所有客户构建的东西，然后按照客户的数据进行修改，从而实现在给定相同数据的情况下，模型的输出会因客户的不同而相异。从本质上讲，一个模型（在这种情况下）不会对所有客户都有用。
- **全球多用户模型**。这些模型可以预测所有客户认为很常见的事情，训练从所有客户那里收集来的数据，同时包含了为所有客户设计的功能。从本质上讲，全球模型对所有客户都是有用的。
- **数据**。这里指的是来自客户的数据。这些数据没有经过任何处理，是客户专有的。

- **匿名和聚合数据**。这是上面提到的数据，但以某种方式进行处理，使其无法返回给特定客户。通过散列（Hashing）数据来对数据进行匿名化，删除可以直接链接到某个特定人的数据点，对数据进行假名化、随机化或者修改。匿名数据可以跨客户聚合，为所有客户训练通用模型。这个聚合过程将获取一个特定类型的数据点，该数据点在所有客户中都是通用的，然后将该类型的所有数据点放在一个表中：例如，一款身上有来自条形码扫描仪的通用产品代码（Universal Product Code，UPC）标识的产品在特定日期被所有客户扫描的次数。

- **个人身份信息**。一些数据被归类为个人身份信息（Personally Identifiable Information，PII），因此在美国和其他国家使用这些数据都要承担一定的法律义务。这些数据可能需要以某种合规方式进行处理。一些客户不允许访问这些数据，因为他们可能会以错误的方式处理这些数据。

- **存储**。数据可以存储在公共云或私有服务器上。客户可能需要不同类型的数据，以及存放在不同地方的模型。这一点可能会出现在合同中。

看完上面的概念之后，再来看一些需要避免的合同条款：

- 拥有全球多用户模型的客户；
- 跨客户使用匿名聚合数据来培训这些全球模型的限制；
- 管理个人身份信息的责任；
- 必须将数据存储在不同的位置，从而破坏了数据体系结构。

客户数据联盟

客户数据联盟是指一家公司（供应商）组织一批公司（客户）彼此共享数据。数据联盟通常为供应商和用户创造一个独特的数据资产。以下是客户数据联盟使用通用框架构建良好数据资产的原因。

- 小公司通常没有足够的数据来训练和运行智能系统。这意味着他们更容易出现过拟合等问题，即该模型认为一个特定的数据点代表了它试图预测的特征，但事实上，该数据点是一个离群值（outlier）。拥有更大的数据量，可以让客户在训练其系统时，有效地对多个数据点进行平均计算。
- 成员可以看到来自其他成员的同一类别数据的不同变体。例如，在不同光照条件下拍摄的产品图像用于训练计算机视觉模型，以便在不同环境下识别该产品。

- 成员可以相互验证数据点。例如，他们有一个用户在某种介质——比如电子邮件——中拥有同样的（无法识别个人身份的）数据，但没有其他数据，比如对洗衣液和洗衣粉的偏好等，那么，他们就可以对这些数据点进行更正，做法是：统一邮件地址，然后为该用户填写"洗涤剂偏好"栏。

- 有些公司连续不断地——比如，从某台设备或者销售点系统（POS机）上——收集数据。还有些公司是定期收集数据——比如，通过季度调查，或者按需购买数据。来自联盟中一些成员的数据，可以帮助其他进展缓慢的成员适应目前的情况。

建立数据联盟就像要求每个客户都同意与其他所有客户共享数据那样，既简单又困难。这一点是通过在合同中授予客户以特定方式使用数据的权利来实现的，例如使用数据训练机器学习模型等。数据可以匿名化，并以不同的细分方式聚合，这样客户就不会共享他们所有的数据；而共享多少，取决于客户希望通过加入联盟贡献什么，以及得到什么。建立客户数据联盟面临着一些挑战。

- 营销。将联盟成员组织起来，就能够产生强大的力量，从而与行业巨头进行对抗。然而，这种做法必须首先想办法激发成员们的参与热情。潜在会员在分享数据时，会像任何公司一样犹豫不决。因此，选择初始成员时，要考虑其相对竞争优势、规模和成熟度等因素。正确传递信息可以让这些公司走到一起。

- 合同。供应商与加入联盟的每家公司之间签订的合同必须相同；没有一些客户可以访问某些数据，而其他客户却无法访问的特殊交易。

- 匿名化。这一点在客户数据联盟中备受关注，因为这些客户最终可能会相互竞争，而且通常是直接竞争。

我们不妨想象一下，试图与亚马逊竞争的数据联盟会是什么样子。绝大多数购物行为都是从搜索开始的，而大多数产品搜索都是在亚马逊上进行的。该网站的搜索功能及其所提供的建议，可以帮助消费者快速找到自己想要购买的产品，这不仅是因为自2003年以来，成千上万的工程师投身于产品搜索和推荐功能的开发，并推出一款优秀的产品，还因为亚马逊有很多消费者希望看到的搜索数据。工程师们利用这些数据，训练高精度的机器学习模型，而这些模型能够在搜索栏中提供建议，进行结果排序，并在不同页面上进行产品推荐。这些功能有助于客户获得高品质的搜索体验，同时为他们提供相关建议。亚马逊的这些优异表现令竞争对手望而却步。其他电子商务零售商不太可能拥有亚马逊所拥有的工程能力或数据资源，因此也不太可能提供与其相同的高质量体验。你可以组建一个联盟来改变游戏规则，让零售商使用经过高度设计的平台来搜索产品，并且使用所有客户的聚合数据。零售商联盟提供数据，并对机器学习系统进行数据训练，能够产生比任何一家零售商都更准确的建议、结果和推荐，从而让联盟中的任何成员都可以与亚马逊竞争。集体智慧再次凸显。

客户使用的工作流应用程序

工作流应用程序是从客户那里获取数据的常见替代方案，对较小的客户尤其有效，因为他们往往对共享数据不那么敏感。

工作流应用程序是一种软件，它将一个人在现实世界中所做的一系列事情采集下来，并放入软件中。例如，从一个建筑工地项目经理那里获取一份任务列表——写在一张纸上——并将其输入到移动应用程序，这样他就可以跟踪这些任务，分配任务，并生成报告。工作流应用程序无处不在。事实上，我们仍处于为许多行业构建此类工作流应用程序的时代——对于愿意了解特定行业工作模式的软件开发人员来说，这是一个巨大的机会。

工作流产品能够收集数据。输入工作流应用程序的每一条数据都会进入数据库。让我们以汽车保险索赔过程为例。首先，评估员来到修理厂，为受损的车辆拍了几张照片，然后写一份报告。这份报告会被送到保险公司的损失理算师那里，由他来决定是修车还是换车，以及需要支付多少费用。有时，客户可能不认同评估结果，因此整个过程还需要再来一遍。目前，这些步骤都是依靠笔、纸、写字夹板、传真和摄像机来完成的。一个更好的解决方案，可能是开发一个独立的应用程序。它可以拍摄照片，为报告提供文本字段，并自动将报告发送给损失理算师，让其进行处理。如有必要，有争议的索赔可退回评估员重新评估。什么样的损坏应该修车、什么样的损坏应该换车、修车要花多少钱，以及车辆如何估值等数据都是最有价值但也是很难收集的。

业务流程数据时时刻刻在工作流应用程序中进进出出，而且天天如此。公司可以利用这些数据建立一个智能系统——也就是说，这个系统不仅可以记录工作，还可以通过对下一步进行预测，而使工作自动化，甚至可以自动填写表单的部分内容。继续上面的例子，想象有这么一款应用程序，可以输入汽车的规格，根据照片文件确定损坏的程度，然后计算出总成本。原本需要评估员亲自做的一些比较烦琐的工作，现在可以自动完成，减少出险次数，甚至还可以审计或者替代损失理算师的工作。收集数据，然后构建智能系统的结果，就是获得更智能的工作流产品。

通过与银行和信用卡提供商的进一步整合，旧金山软件公司Expensify开始提供一种更好的管理费用的方式。该产品从这些服务中提取交易信息，然后将这些信息放入费用报告。较之逐个记录费用，将费用拖拽到报表中的体验要好得多。Expensify的第二步是构建一个基于人工智能的产品，可以对费用自动分类。该系统基于来自核心工作流应用程序的所有数据得到训练，使客户能够将交易与类别、标签和报告链接起来。

这种采取现实世界工作流程、围绕其开发软件然后添加更多的数据和功能的能力，正是我为什么相信所有商业软件总有一天会变得智能化的原因。

跨客户应用程序集成商

数据集成产品可以被动地汇聚大量的数据。这些产品之所以吸引顾客，是因为它们可以轻松地将一个数据源链接到另一个数据源，跨源对其规范化，并在与源的连接发生变化时更新集成。数据集成公司，比如 MuleSoft 和 Informatica 等，控制着具有此类功能的产品市场。随着越来越多的数据存储在多种不同的应用程序，并通过应用程序编程接口（Application

Programming Interfaces，API）提供服务时，该市场正在变得越来越大。数据集成商通过直接收集流经其管道的数据，或者通过使用模式、推导或其他观察方法生成元数据，来构建一个有价值的数据资产。

然而，建立一个数据集成公司很困难，原因如下：

- 数据集成的基本形式易于复制，而且数据集成的需求众所周知，所以市场上有很多这样的公司。

- 云计算公司在战略上必须提供一种能够从多种来源获取数据的产品，这样他们就可以为存储更多数据收取更多的费用。

- 数据管道可能会因为某种不可预见的原因而中断，而将它们修复需要大量手动工作。这项繁重、不可预见的工作可能会花费很多，从而降低毛利。

- 定价权往往较弱，因为购买一个集成数据产品，通常是在购买另一个解决核心问题的产品之后做出的决定。因此，客户在选择购买集成产品时，往往会减少预算，或者只是按照核心产品供应商的建议购买数据集成产品。

尽管如此，Mulesoft 还是坚持采用这种策略进行了首次公开募股（IPO），Segment 和 Zapier 等公司成功执行了以集成多种数据源的工具为中心的数据采集策略。Segment——被上市公司Twilio以超过30亿美元的价格收购——统一了不同的软件即服务（SaaS）产品和内部数据库的营销数据。其应用程序编程接口驱动方法从一个简单的、通用的分析产品——Connections——开始，通过从下列来源获取数据，与网络分析产品展开竞争：

- 通过苹果iOS和谷歌安卓的移动应用；
- 通过Analytics.js插件、Shopify和Word-Press的网络应用；
- 直连服务器；
- 许多云应用，从客户关系管理系统到支付，以及电子邮件应用程序。

这些数据通过管道进入电子邮件系统、分析仪表盘、帮助台应用程序、营销归因工具和数据仓库。我们还看到，Segment使用通过客户获得的数据构建智能系统，该系统自动将跨数据源的用户历史统一为一个综合概要文件，并带有一个关联的、智能生成的用户肖像；将数据合成为每个客户的特征、受众和预测；然后使用这些丰富的内容对营销活动和应用内体验进行个性化处理。

Segment的第一步是通过整合许多现有数据源来收集数

据；第二步，构建一个智能系统，利用这些数据为人工智能优

先产品提供支持。

比较

构建工作流应用程序与构建集成是截然不同的任务。下面

是工作流优先公司与集成优先公司的对比（见表3-1）。

表3-1　工作流优先公司与集成优先公司的对比

工作流优先公司	集成优先公司
收集人类所见的数据	从机器上收集数据
静态数据分析	基于流数据的机器学习
被动/事后	主动/实时
对数据发起者/其他工作流应用程序构成威胁	相对于工作流应用程序而言处于中立位置

如果公司的目标是开发数据资产，那么，集成优先应用程

序比工作流优先应用程序具有一些优势。其中最重要的可能是

集成商直接从机器那里收集大量、新鲜（即更接近实时）的结

构化数据。这里所说的机器也包括软件应用程序，这意味着数

据不仅仅来自传感器。更高的数据量、新鲜度和结构一致性通

常会产生更高质量的预测。

集成来自工作流应用程序的数据可能是用户输入的数据，

这些数据可能不够准确、非结构化（例如文本），或者是过时

的。准确的数据意味着更好的模型和更准确的预测。

也就是说，集成优先方法可能比工作流优先方法更加困难。首先，来自集成服务的数据通常不是专有数据，除非这些服务是公司内部的。其次，可用数据取决于工作流应用程序的数据结构。集成优先与工作流优先方法形成对比，后者通过在工作流应用程序中添加用户界面（User-Interface，UI）元素或表单来积累特定的数据点，从客户处收集数据。

与他人合作

与其他公司建立合作关系，可以花很少的钱来获取大量的数据。当合作伙伴拥有互补数据时，合作关系往往最容易建立起来。当数据能够增加现有数据的价值时，他们便具有互补性。例如，如果你想建立一个信用模型，那么，收入数据与债务数据就是互补的。两家公司，一家有收入数据，另一家有债务数据，如果其中一家正在建立一个预测信誉度的模型，另一家正在建立一个预测消费者支出的模型，那么，他们便可以从共享数据中受益。两家公司都有分享数据的动机，因为他们各自的模型都会随着附加数据的增加而得到改进。

商业模式互补性也是一个考虑因素。以不同方式赚钱的公司更可能希望建立数据合作伙伴关系，因为他们所获得的任何收益都不会被伙伴的收益所抵消，也不会因为向同一客户群营销而抵消。

数据集成商则不同，他们通过一系列与其他产品的集成来整理客户的数据，但前提是这样做要符合特定客户的需求，并通过客户的数据存储和打算集成的应用程序之间的现有管道来进行。这也意味着供应商不必与每个外部数据源谈判。

例如，计算机视觉技术为医生们提供了一条前途广阔的路径，可以帮助他们识别患病的部位并协助确诊，如皮肤癌、乳腺癌、肺癌等。然而，计算机视觉模型往往需要许多图像来得到训练，而在处理X光等患者数据方面也有着严格的限制。构建计算机视觉系统的公司需要这些数据，但如果他们没有自己运营的医疗设施——建造和批准这些设施则需要数年时间——或者无法从现有医疗机构获得此类设施，那么，他们便无法获得需要的数据。因此，医疗行业的人工智能优先公司——或大或小——都需要与医疗机构建立独家合作关系。人工智能优先公司需要临界量的数据来训练模型，以获取预测可用性阈值。这可以让他们比市场上的其他对手更具优势。

在客户方面，医疗机构希望提高每次诊断的准确度、可靠性和效率。有时，首要任务是避免漏诊，比如肺癌等特别致命的癌症，而在其他情况下，首要任务是定期对大量患者进行经济高效的筛查，比如皮肤基底细胞癌等特别常见的癌症。医疗机构可以通过使用人工智能来增强医生的能力，但通常不具备构建人工智能所需的机器学习计算机视觉专业知识。然而，他们有一笔宝贵的资产可以利用和保护，因此，医疗机构通常会与相关方达成合作伙伴关系，使得他们可以在一段时间内独家访问人工智能产品，严格控制数据，以及将数据集成到现有比如X光机之类的硬件中。独家访问可以给他们带来成本优势，或者使其能够为潜在患者提供更准确、更可靠的诊断。

构建人工智能的公司可以与医疗机构合作，获取临界量的标注数据，让他们的模型可以获取预测可用性阈值，找出如何最好地通过现有硬件实现预测，解决监管问题，并从医生那里获得现场反馈——所有这些都是医疗机构无法单独完成的。接下来可能是将合作伙伴关系逐步扩大到相关机构，也可能是广泛的市场发布，在一段时间内分享新客户的收益。人工智能优先公司带来模型，客户带来数据，他们的商业模式是互补的。

人工生成的数据

聘用专业人员建立高度特定的数据集，这个工作可以通过外包或者聘用他人的方式完成，也可以让现有员工使用生成数据的产品来完成。人工生成的数据如图3-5所示。

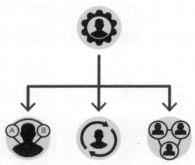

内包标注　人在回路系统　外包标注

图3-5　人工生成的数据

数据标注

许多机器学习模型需要标注数据来训练识别算法。还有方兴未艾的迁移和半监督学习技术，可能为收集大量标注数据提供了替代方案，尤其是在图像、视频和语言理解等通用领域。然而，目前的技术水平似乎还不够，在某些特定领域更是如此。访问和拥有经过处理的数据以提供给模型，可能是创建一个纵向的人工智能优先公司最难解决的问题。

受监督的机器学习模型需要标注的数据，但获取大量特定领域的标注样本非常困难。比如，在哪里可以找到2001年版雪佛兰西尔维拉多牌汽车挡泥板的十万张图片？众包（Crowdsourcing）、开展调查或者为汽车修理工建立工具，不太可能在短时间内产生那么多的图像。你可能需要从一家多年来一直在为汽车拍照的公司获取这些数据，比如汽车制造商、汽车连锁店，或者保险公司。没有标注数据集，那就构建一个。不过，这需要建立一个团队来标注数据，该团队可能包括专家和非专家，并且需要工具来高效地对大量数据进行标注。

　　管理数据标注团队是一个新的实践领域。当给出明确的目标时，数据标注是一项高度可衡量的活动。例如，如果目标是让一个模型达到专家级的准确度，首先让专家给每一个观察结果贴上标签，然后过渡到让机器贴标签，同时用一名非专家来纠正那些标签。目标是让机器加上一名非专家来达到专家的水平——于是，就得到了专家—非专家一致性的测量标准。专家标注和模型表现如图3-6所示。

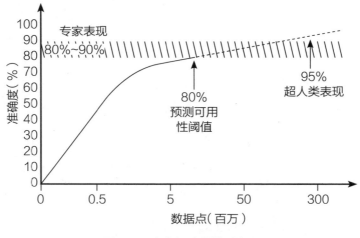

图3-6 专家标注和模型表现

随着时间的推移，特定数据标注操作的经济价值可以量化为，自动化在每个标签成本上节省的资金，乘以使模型达到该自动化水平所需的标签数量。用另一种方式表达就是，聘用人员标注数据的投资回报率（ROI）等于自动化所节省的成本，而不是机器学习系统中保持自动化水平所需的人员成本。

$$标注操作的投资回报率 = \frac{通过自动化节省的资金}{每个标签的成本} \times 标签数量$$

把这项业务想象成一个工厂或许会更好理解。它产生的"货物"就是有标签的数据。工厂经理的工作是提高"贴标签"生产线的效率。

工具

标注数据时通常要求工程师在使用标签之前对数据进行清洗。例如，机器很难从数百万封客户服务电子邮件的文本中找到模式。在这种情况下，工程师可以使用自然语言处理技术——机器学习致力于理解文本的一个领域——从这些电子邮件中找出客户提到的特定产品的部分，然后将文本聚类，进而建立关于这些产品的投诉类别。

尔后，使用这些类别对所有收到的新电子邮件标注，以便机器学会如何回应不同类别的投诉。人类可以对每封带有这些标签的邮件进行标注，机器也可以猜测将哪个标签应用于哪封邮件。前者成本高昂，后者往往不准确。主动学习等技术有助于找到人工标注过的最有助于系统改进的电子邮件，从而在手动标注每封新邮件和自动标注每封新邮件之间找到正确的平衡。主动学习过程如图3-7所示。

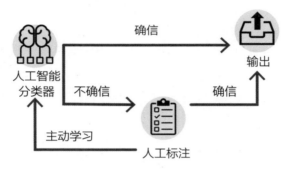

图3-7　主动学习过程

　　例如，在标注图像时，系统显示一组图像，并要求标注者将相似的图像分组。一个基于主动学习的模型会审查用户所选的图像有什么相似之处，将它们分组，并要求标注者提供较小一组图像的更多信息。然后，标注者将相似的图像分到一组子聚类中，模型学习每个子聚类中图像的相似之处，以此类推。从本质上讲，主动学习模型会根据标注者从其最后的预测中挑选出的最准确预测，来预测下一步需要什么数据。主动学习界面如图3-8所示。

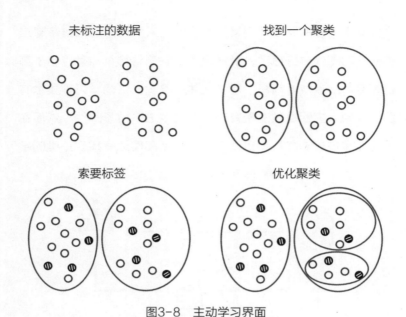

图3-8　主动学习界面

基于主动学习的系统很难构建，但很有价值。第一，没有技术技能的人可以通过向系统提供反馈来创建非常有用的标签。第二，在可能解决机器学习问题的领域，该系统用途最大，因为该领域非常广泛，但在其中搜寻解决方案需要很长时间，且计算成本也很高。人们可以通过让机器快速改变输出，更接近所要寻找的目标，从而为搜寻解决方案提供快捷方式。然而有一个问题：机器的建议是否会影响用户，以至于用户开始用他们认为与机器一致的方式标注数据？如果是这样的话，那么标签就没用了。

让用户扮演数据标注员的角色，效果可能也特别好。例如，可以通过添加提示，让用户为图片添加标注。一些算法也有助于从用户那里获取最有用的数据。

- **不确定性抽样**。标注当前模型最不确定的点。
- **委员会质询**。在同一标注数据上训练多个模型，然后手动标注导致模型之间的输出最不一致的数据点。
- **预期模型变化**。手动标注最有可能改变模型输出的数据。
- **预期错误减少**。如上所述，但重点关注最有可能减少模型误差的数据。
- **方差缩减**。如上所述，但尽量减少差异。

这不是一份详尽的清单，还有许多基于机器学习基本概念的方法。

交互式机器学习（Interactive Machine Learning，IML）旨在创造接口，这些接口可以收集数据，以训练特定的机器学习模型，然后将结果呈现给用户，由用户决定将哪些数据放入模型中以供下一次迭代。交互式机器学习可以被认为是另一种让付费用户团队而不是带薪员工标注数据的方式。

在开发方面，交互式机器学习有助于分类器更快迭代。工程师将根据从与用户的对话中收集的信息开发分类器。当用户对分类器进行纠正和有效培训时，迭代会更快。例如，工程师在构建一个自动撰写营销电子邮件的系统时，通常会使用自己的或在网上搜寻的一些具有代表性的电子邮件示例。然而，生成一些样本，将其放在管理电子邮件营销活动产品的营销人员面前，可以获得关于营销电子邮件好坏的更有效反馈。

让机器以这种迭代方式向人类学习的潜在缺点是，人们可能会向机器提供没有信息的示例。这可能会使机器无法承受，导致其分类器变得不够准确。然而，开发人员可以采用保护措施，防止用户在机器中大量使用无用的示例。简单的方法包括让多个用户标注同一个数据点，或者在运行交互模型的同时，运行另一个可作为替代的非交互模型，然后，对结果进行比较，找到交互模型在何处与非交互模型发生了冲突，或忽略了非交互模型。

开发交互式机器学习系统的一个好处是，请求用户输入数据可以建立信任。允许用户对系统的输出进行"纠正"，当看到他们的修正对系统的下一个输出产生了影响时，信任就会进一步得到强化。首先，用户将能够向自己或者他人解释（至少部分解释）系统是如何工作的，因为他们已经看到数据被输入系统，经过计算输出一个结果。其次，系统将尊重用户关于输出的——客观或者以其他方式形成的——意见。最后，用户已经看到了他们对输出的影响：一些输出正是来自他们的输入。

构建数据标签操作的最佳实践

对于人工智能优先公司来说，建立一个团队来标注数据可能是一个核心流程优势。然而，在组建团队之前，需要考虑一下大型的、诸如亚马逊土耳其机器人（Mechanical Turk）这样的基于平台的标签解决方案。这些平台有许多来自世界各地的工作人员，他们能够应对高弹性需求，并且可以每天24小时标注数据。他们还能够提供工具，帮助工人保持低成本和高质量。

管理

数据标注员是根据其具有的专业知识聘用的，而标注团队可以分为专业团队和非专业团队——前者在数据分类方面具有丰富的经验。标注员的上级是标注经理。当然，标注经理手下的标注员人数跟所需要的监督程度有关。标注经理的领导是标注主管。在中型公司，标注主管，或者说是唯一的标注经理，向运营副总裁汇报。而在小型公司，标注主管则直接向公司首席运营官（Chief Operations Officer，COO）汇报。当标注操作刚刚开始，仍在试图找出标注内容和方式时，情况可能会有所不同，在这种情况下，向机器学习研究主管或首席技术官（Chief Technology Officer，CTO）汇报可能更加合适。

一个经验法则是，在标注没有完全自动化的环境中，每50名到100名标注员配备一名标注经理。当然，这也要看专业和非专业标注员的组合情况。

标注操作成本取决于需要标注的数量、获取标注的难度、通过标注工具获得的杠杆效力，以及标注所需的专业程度。使用亚马逊土耳其机器人，每个标注的成本可能只有几美分；而使用医生，每个标注的成本则可能高达数百美元。

非专业标注员无须具有太多经验，因此可以从不同的地方进行招募。招聘平台广告或小时工中介是一个很好的途径。另一个选择是直接从劳动力市场招聘，比如亚马逊土耳其机器人网站，或者自由职业者平台Upwork等。而专业标注员则可以直接从他们各自的领域进行招聘：比如，放射科医生，或者汽车保险公司的损失理算师。

标注经理通常拥有运营背景——也就是说，考虑到成本和时间限制，他们必须能够协调大量资源。如果团队中大部分都是非专业标注员，那么就需要对其进行激励和管理。标注经理需要具有良好的背景，比如之前负责过客服中心的运营工作等。

测量

数据标注的最终目标是得到一个好的产品，而一个好的产品依据的则是一些准确的分类器。因此，一个关键衡量指标应该是分类器是否正在变得更准确。

就机器学习而言，数量意味着质量。换句话说，即使大量标注中有一个标注不那么正确，依然可以提高分类器的准确度。大量标注数据本身就是资产。因此，跟踪标记的总数据点，可以为标记操作产生的值提供信息。

标注不是免费的，商业模型需要在制造好产品的成本与收益之间找到平衡。每个标注的成本都是一个明显的跟踪指标。也许，不那么明显的是，指标可跟踪的确很好，因为它可以显示帮助标注员的工具，以及所需的专业/非专业标注员组合有多大的杠杆作用。

标注员对特定数据点的共识可能是标注准确度的标志，因为缺乏共识意味着对准确度的测量可能是错误的。专业标注员比非专业标注员或许能够更准确地对数据进行标注。非专业标注员的准确度可以通过将其与专业标注员的准确度进行对比来获得。专业标注员的成本也比非专业标注员高，因此，要逐步调整比例，使标注工作更有利于非专业标注员，从而降低成本。随着时间的推移，模型的输出应与客户的真实数据一致；也就是说，预测应该与现实相符。如果一致性下降，就表明数据标注可能存在问题。

人在回路系统

人在回路（Human-in-the-loop, HIL）系统需要人工输入才能生成输出，是人和机器相互作用的模式。这些系统不一定具有主动或者交互学习功能，它们只是可以让人们对放在某个地方的数据进行标注而已。主动和交互式学习系统也不一定有人参与——它可能是由一个机器人来做标注。人在回路系统是让用户标记数据的一般形式（如图3-9所示）。

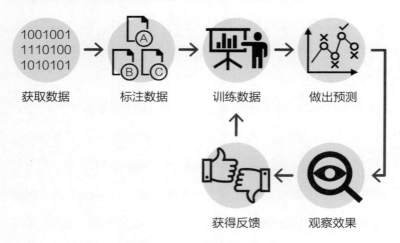

获取数据　　标注数据　　训练数据　　做出预测

获得反馈　　观察效果

图3-9　人在回路系统

上图即是一个人在回路系统。人们参与其中的方法有以下几种。

创建。要求人们在"获取数据"这一步骤中创建全新的数据。例如，通过完成调查创建数据。

标注。通过输入文本或从机器学习系统使用的标签列表中选择标签来标注数据。

反馈。对输出进行评分，使用二进制分数（如真/假或者正确/不正确）或标量分数（如从0到10的排名）。

外包

通过交互式机器学习系统以及将人类置于该回路之中可以提高数据标注效率。选择哪种方法取决于标记基本数据所需的专业水平、能否找到专业标注员、成本和随着时间的推移提高自动化的可能性（以及标注数据的成本对利润率的影响）。然而，有时将数据标注全部外包却是最佳选择。

外包的最大原因是获得更多的标签。获得正确标签是一项专业技能：拥有识别特定物体经验的标注员更擅长做这样的事情。然而，对所有标注员来说，出现标注错误都是难以避免的。而解决这个问题的方法就是使用更多的标注员，这样一来，错误的标注就可以被正确的标注有效地稀释。从数学上讲，如果一个标注员在5%的时间里出错，那么三个标注员犯相同错误的概率为5%×5%×5%，或仅为0.01%。

外包或众包员工既创建数据又标注数据。他们可以通过多种方式收集数据：例如，打电话、在线搜索、手动从网站上复制信息，以及其他可以简化为标准的、离散的和短任务的方法。他们使用市场提供的界面来标注数据，该界面既可以添加标签，又可以跟踪他们的工作。有些市场可以提供人在回路系统对数据进行标注。工人还可以通过消除重复的数据列表，纠正文本列表中的拼写错误，或者丢弃模糊的图像，有效地处理数据。

外包的代价是专业化程度降低。外包业务的目标是迎合广泛的客户，因此他们拥有针对各种内容的标签，包括电影里的角色和街上跑的汽车。这些标注员没有接受过识别特定物体的训练，比如某款车或者机器运行中的扰动等。然而，考虑到他们为标注员制造的工具以及与其协商的价格，外包可能比内包更便宜。公司倾向于对内包和外包两种形式都进行尝试，根据数据标注需求，随着时间的推移实现平衡。

外包可以采取多种形式。有咨询公司、业务流程外包公司，以及其他从事定制标注业务的公司。此外，众包业务也在蓬勃发展，该业务以单项小额费用项目的形式开展。前面提到的土耳其机器人和Upwork就是这种以任务为导向的业务提供商。

机器生成的数据

机器可以一致、快速、廉价地为模型生成数据，既可以作为人工生成数据的补充，又可以作为独立的资源。机器生成的数据如图3-10所示。

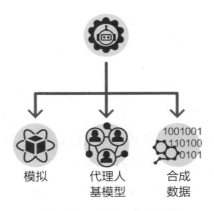

模拟　代理人基模型　合成数据

图3-10　机器生成的数据

模拟

软件工程师使用模拟来验证程序功能的正确性，比如模拟电子游戏中迷宫的所有路径，或者电子流过电路板的方式。模拟可以用来测试软件。程序包含人类编写的逻辑规则，但我们并非总能设想出一个程序所需的所有输入，因此，我们编写模拟脚本来生成输入，然后将其放入程序，观察它是否可行。

随着人工智能时代的到来，软件工程师发现了模拟的另一个用途。人工智能包含由人类或机器编写的、具有各种功能的模型。这些功能可以改变软件的功能而无须进一步地设计工作，因为它们可以从输入中学习。这就是不同之处：模拟可以发现普通软件中的故障，但在人工智能中，它却能够提升软件的性能。

因此，模拟是推动人工智能进步的重要手段，特别是强化学习和其他代理人基学习人工智能。这种模型通常需要尝试多种方法，而且，由于现有数据集不足或者不可用，所以模拟器就变得非常有用。模型设计者为这些模型设定一个目标和环境，它们可以在这个环境中尝试许多不同的方法——通过一个模拟器来实现这个目标，其中包含了模型最终必须面对的现实世界的约束。如果模型在模拟环境中实现了目标，那么它可以将学到的知识应用到生产环境中，做出预测，从而做出真正的决策。

代理人基模型

我们如何生成有关复杂环境的数据呢？当y与x呈线性响应时，很容易对其进行建模。然而，当函数甚至变量的数量未知时，那么对y的行为进行建模就非常困难。复杂的经济和生物系统有许多变量，并对每个动作产生影响。在每个决策的微观层面为代理人的行为建模，可以帮助我们在宏观层面上了解系统中其他地方可能发生的情况。了解系统中的断点、路径依赖性和其他关键因素，可以更好地理解他们的潜在后果。代理人基模型（Agent-Based Models，ABMs）可以做到这一点。

在给定一系列激励和环境约束的情况下，代理人基模型参照其他代理人的行为，为代理人的行为进行建模。该领域借鉴了博弈论、社会学、进化论等学科知识，以及复杂性和随机性理论。创建一个代理人基模型需要弄清楚，系统中有多少代理，他们如何做出决策，如何从自己的行为中学习，以及这些行为如何影响系统中其他人的行为。代理人遵循程序化的规则。有时，为代理人编写程序需要具有特定领域的专业知识——了解"游戏规则"或系统原理。程序员使用对抗性学习和强化学习技术创建代理人基模型。《康威生命游戏》（*John Conway's Game of Life*）和解决囚徒困境的游戏就是流行的代理人基系统。

金融和政治机构也经常使用代理人基模型。例如，英格兰银行使用代理人基模型来模拟政策对房地产和信贷市场的影响。合并与收购对竞争的影响可以通过仿真有效地进行建模。使用代理人基模型进行宏观经济预测，对银行、资产管理公司，以及对冲基金的交易员和做市商具有重要意义。政府也使用该模型对环境政策的潜在影响进行评估。

代理人基模型不同于模拟。代理人基模型学习可以被视为一个模拟的超集（superset）：代理人基模型环境定义松散，而模拟环境则定义严格。我们还可以从另外一个角度看到它们之间的差异：代理人基模型研究行为，而模拟器测试特定的结果。

合成数据

全新数据可以通过设计一组数据点的输出规则进行合成。这些规则需要按照规定的方式来创建——例如，所有桌子都必须有四条腿——或者可以从现有的数据集中学习，比如让模型认识所有的椅子也都有四条腿。合成数据拥有现有数据集的结构、概念、类型和依赖关系。合成和模拟的区别在于，模拟是用来验证的，而合成则是一个创造的过程。

合成数据有很多用途。想要在客户数据上测试新产品功能的工程师通常使用真实的客户数据。这可能会导致错误操作或未经授权查看实时客户数据。想要演示功能性产品的销售人员，通常无法在没有产品底层数据的情况下进行演示。通常情况下，他们只用准确清晰的客户数据演示产品，而这可能会将客户信息暴露给竞争对手。除了这两种情况之外，对实时客户数据的任何处理都可能导致错误，从而导致安全漏洞。最安全的选择是根本不使用客户数据做任何事情。

因为成本很高或者难度很大而无法进行数据标注时，合成数据就尤其有用。正如下面所描述的，演示所使用的大多数示例数据都与图像和计算机视觉模型有关，但维度却适用于其他类型的数据。

可扩展性

对某种形状的物体——比如椅子——进行标注是可行的，因为绝大多数人都能识别这种基本的物体。然而，如果考虑到形状中的所有潜在变化，比如躺椅、餐椅、办公椅等，那么这些物体会略有不同。训练模型识别椅子意味着识别所有类型的椅子，因此，训练数据必须包含所有类型的椅子。获取所有类型的椅子的图像，让人们对其进行标注费用高昂，甚至是不可行的。如果考虑到用于制造椅子的不同类型的材料，可能使椅子无法辨认的椅套等，情况就更是如此。合成数据生成器可以利用椅子基本组件——椅子腿、椅套、有靠背或无靠背等——的数据，然后运行这些组件的所有变体和组合，以非常低的成本生成数千个示例。

灵活性

从一个角度标注物体是可行的，因为大多数物体从某个角度看都是一样的，比如从街上看房子。然而，换个角度看——

比如从高处，它们就会略有不同。如果有源源不断的数据来自一个四处移动的摄像头，比如无人机上的摄像头，那么，训练模型从任何角度来识别物体就十分必要。然而，对同一物体进行多视角观察，将会极大地增加数据采集的成本。合成数据生成器针对单个物体，通过对其进行三维建模，可以提供无限的视角，然后围绕其移动，在每一步都生成一个标注数据点。

可达性

对物体进行标注通常是可行的，因为它们的照片很容易获得，比如大街上的汽车。然而，有些物体很难找到，比如激战区的坦克照片。获取数据来训练这样一个模型可能代价高昂，或者几乎不可能实现。合成数据生成器可以获取此类对象的手动模型，并将其放入各种环境中。构建这样一个生成器可能需要很多钱，但该成本可以分摊到所有标注的数据点上，因为一个生成器可以用来生成同一物体的多个示例。构建这些生成器的工具与视频游戏设计师用来构建游戏环境的工具相同。

可行性

对物体进行标注是可行的，因为它们就像拍打海岸的海浪那样十分常见。然而，有些物体在现实世界中却很少见到，比如闪电引起的爆炸。如果没有大量的历史记录或长时间的等待，要想获取数据来训练这样的模型通常是不可行的。合成数据生成器可以选定一个场景，并按要求将其生产出来。

成本

合成数据可能比人类标注便宜，因为生成大量图像的程序可以在计算机上以低边际成本运行。然而，情况并非总是如此——例如，生成合成图像需要三维模型，而这些模型要么购买，要么由经验丰富的计算机图形艺术家绘制。

速度

合成数据可以比人类标注得更快。数据标注需要时间，该过程包括将要标注的数据打包、将其发送给标注员、等待他们完成工作、检查、偶尔重新标注、寄回、使用增量标签重新训练模型等。数据合成器几乎可以立即生成数据，并将其发送到数据管道中。

因此，合成数据对于生成非结构化数据——例如图像——非常有用，但对于生成结构化数据——比如用户信息——就不那么有用。合成多维度椅子的图像将与许多不同的客户相关，因为在我们共同生活的世界里，椅子是一件常见的物品。然而，合成代表一组特定用户的数据与其他许多客户无关，因为那些用户并不在客户之间使用相同的配置文件。为一个用例合成数据只需要编写一个程序。为多个用例合成数据时，如果这些用例有共同的现实，比如物理世界，也只需要编写一个程序。

消费者生成的数据

给予适当的激励，消费者就会提供数据。这与客户提供数据有所不同，不同之处在于，客户为人工智能优先产品付费，而消费者只获取该产品的输出。消费者生成的数据如图3-11所示。

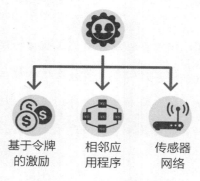

图3-11　消费者生成的数据

基于令牌的激励

可以使用基于区块链的所有权令牌或加密令牌，激励人们向网络提交数据。由于这些概念相对较新，所以有必要对一些术语进行解释。

区块链：一个去中心化的、分布式公共交易分类账簿。

加密令牌：保留在区块链上的资产标识。

数据网络：由一组原本不相关的实体而非单个实体构建的一组数据。

这个想法是向一群人发放一个加密令牌，而他们将数据提交到，或者说卖给数据网络，然后获得收益。

在构建数据网络方面，区块链提供了两个好处。首先，区块链可以验证数据的来源。区块链上每个实体提交的数据都会被赋予一个唯一标识符。当有人对该数据何时提交，甚至是否提交有疑问时，就可以对该区块链进行查询。当区块链有足够多的实体验证交易时，数据来源就绝对没有问题。其次，加密令牌是一种安全的、自动向数据贡献者付费的方式。付款计算是一个严肃又透明的数学问题。令牌所有者根据其对网络的数据贡献获得报酬，并由区块链上的所有实体验证。令牌由一组分散的实体进行验证，这意味着任何一方都不能使令牌所有者的付款请求无效。令牌管理系统之所以具有可衡量性，是因为如下两个原因：一是一旦注册，所有权就不需要更改或管理；二是付款是根据贡献公式自动计算出来的，从而降低了系统操作员和数据贡献者之间发生冲突的可能性。

在区块链上运行数据网络面临的挑战是，通过验证来实现标准化，即在提交数据时就对其进行自动验证，然后自动对其进行补偿。通过标准化的方法就可以做到这一点——只对具有特定参数（例如名称和电子邮件地址）的数据贡献者进行补偿。当参数难以确定时，只要数据通过了包含特定值范围的过滤器，提交时通过了基于软件的验证，就会被认为是同一类型但不同形式的数据。

消费者应用程序

对于当今科技行业的领导者来说，消费者应用程序可能是最重要的独特数据来源。脸书通过数据建立了竞争优势，并利用机器学习对其进行了进一步的强化。这些公司每天从其用户那里收集大量数据，然后利用这些数据进行预测，以改进消费产品或者其周围的商业模式。

在过去的几十年里，谷歌将一些极具创新性的产品推向市场，而其中许多产品是不向消费者收费的。在制订产品计划时，该公司采取了免费赠送产品的方式来收集数据并获得市场份额。然后，利用这些数据建立系统，预测人们希望看到哪些广告，尔后将这些预测以价格合理、表现亮眼的广告形式出售给某些品牌。如今，消费端的数据收集活动和商业端的创收活动之间的关系是显而易见的，但在谷歌成立时，情况并非如此。当时，网络上的大多数广告都是横幅形式的——基本上是在线广告牌，不针对网站的任何特定访问者。谷歌通过几种方式改变了这一模式，主要的做法是根据访问者在网站上搜索的内容和其他辅助数据——比如每个人的位置——进行预测。事实证明，这些数据在提高访问者对广告的兴趣，以及谷歌销售这些广告的收入方面非常有效。

谷歌还为我们提供了许多其他可靠的数据策略。谷歌翻译是免费的，但谷歌并不出售它在用户进行翻译时开发的词典。谷歌TensorFlow——一款机器学习模型管理工具——是免费的，但谷歌并不出售人们提供给该模型的数据。谷歌搜索也是免费的，但谷歌不会（直接）向营销人员或其他搜索公司销售搜索数据。谷歌是一个极具韧性的企业，因为它一直奉行收集有价值数据以构建智能产品的策略。

脸书——世界上占主导地位之一的社交网络——拉近了我们之间的距离，而且不向用户收取任何费用。随着用户与朋友分享他们的兴趣、希望和梦想，该公司的产品积累了大量的数据，而且还在继续发布收集更多此类数据的产品。脸书利用这些数据构建系统，预测人们希望看到哪些广告，然后将这些预测以价格合理、表现亮眼的广告形式出售给某些品牌。脸书的广告特别有效，因为其访问者是在登录状态下浏览的，这意味着脸书了解每一个人的浏览情况，从而更准确地将广告推送给他们。

亚马逊改变了多种产品的采购方式，使之比其他任何方式都更便宜、更容易。这家科技巨头根据客户购买的商品和浏览方式，收集有关客户需求的数据，然后利用这些数据提出更好的建议。亚马逊这样做已经有很长时间，因此，它能够比其他购物网站提供更好的推荐。

出于一个原因从消费者那里收集数据，然后出于另一个原因将数据出售给企业是很常见的事情，而且还可以成为大企业的基础业务。例如，23andMe公司利用基因组学做了这件事，BillGuard公司通过购买数据，Credit Karma公司使用信用评分，Onavo公司借助应用程序监控，Dark Sky公司则凭借位置数据，都做了同样的事情。然而，以这种方式建立一个稳固的企业可能非常困难。首先，让用户提交数据的"把戏"并非长久之计；另一家公司也许能够使用相同的或者收费更低的其他技巧获得相同的数据。其次，这个技巧可能需要向数据管道支付费用，例如，向开发人员付款，让他们安装软件开发工具包（SDK）作为数据管道。如果这些开发人员想要收取更多费用，或者消费者想要支付更少费用，那么，销售数据的利润可能就会消失。最后，人们无法从静态数据中获取价值，并定期获得收入，因为对于消费者来说，这些数据的价值可能会随着时间推移而消失。此外，还有必要提及的是，目前科技行业的引领者并不是商业软件公司。公司之间不愿互相提供数据。一方面，大型商业软件公司通常在竞争激烈的环境中运营，因此，会严格限制与其他软件供应商共享的内容，因为这些供应商可能会向其竞争对手出售软件。另一方面，消费者没有这样的竞争忧虑，而且也不那么关注隐私问题。

传感器网络

从真实世界汇集数据——而不仅仅是从其他软件中汇集数据——需要考虑一系列不同的因素。创建传感器网络以收集数据是构建数据集的一种方法，但部署这样一个网络可能成本高昂，因为传感器可以是简单的计数工具，也可以是飞机黑匣子那样更为复杂的东西。

最明显、最普通的传感器网络就是遍布全球的手机网络。这些手机中有许多单独的传感器，软件应用程序可以利用它们来收集数据。例如，应用程序Dark Sky通过手机的气压传感器获取大气压数据，并对其进行汇总，从而提供本地区域之外的天气预测。此外，该公司还收集位置数据并出售给第三方。如今，手机中传感器的大部分数据都被公司获取，但可能还存在从相对较新的传感器或者以不同方式使用传感器收集独特数据的机会。

廉价且丰富的商品传感器将是未来最明显、最易得的数据来源。考虑到成本和可用性，此类传感器当然不会即时生成专有数据。在这种情况下，专有数据将由此类传感器网络生成，其竞争优势是通过分配传感器的专有方式产生的，例如，在特定地区的每家零售店放置一台设备，以统计进出人数。

专有传感器是最不明显、最难得的数据来源。人们可以制造传感器来测量任何东西，从生物信号、身体功能，到海底现象，如温跃层等。然而，由于传感器十分复杂，因此构建和制造传感器可能非常困难。传感器设计、制造材料、将传感器连接到计算设备的部件、通信方法、生产流程，以及与现有传感器的集成都可以通过保护知识产权的方式，成为企业竞争优势的来源。传感器一旦建成，接下来的挑战就是如何说服人们安装这些传感器。如果没有相应的好处，人们不会在家里安装一个既耗电又吵闹的设备。最有效的激励方式就是付钱给用户，像尼尔森（Nielsen，全球著名市场监测和数据分析公司）那样，付费让人们在电视上安装一个跟踪他们观看习惯的盒子。另一个很有效的方法是，提供一个既可以处理来自传感器的数据，又可以为客户提供帮助的应用程序。这一模式成功的原因是为传感器用户节省开支，例如，安装用电传感器、收集数据，通过传感器网络聚合数据，然后与电力公司协商节约成本。

公共数据

对于人工智能优先公司来说，有许多公共数据资源可以使用。这些资源可能很难获得，而且争议性颇大，却是免费的。图3-12展示了公共数据。

网络爬取　咨询与竞争　媒体　政府　批量采购数据

图3-12　公共数据

网络爬取

互联网上有很多信息，其中大部分是结构化的，因此可以用于训练机器学习系统。这就是谷歌获得数据优势的方式，该公司可以说是当今世界上最大的网络爬虫。

数量能保障质量，大量数据的积累可以形成竞争优势。从互联网上收集数据通常被称为爬取。通俗地讲，爬虫就是一个程序，它通过统一资源定位器（Uniform Resource Locator，URL）系统地查找网页或互联网上的其他资源，删除不必要的东西，例如格式，获取重要（或全部）数据，将其以标准文档格式（例如，JS对象简谱，JavaScript Object Notation，JSON）保存，并将其传递到自己的数据库。例如，爬虫可以登录美国政府的金融市场监管部门美国证券交易委员会（US Securities and Exchange Commission，SEC）的网站，访问以超文本标记语言（HTML）文件形式存储的公司报告，去掉格式，找到年度收入数字，将它们放在JSON文档中，然后存储到数据库中。从技术上来讲，爬取非常困难，因为网页和其他资源的形式、位置和可用性总在发生变化。好的爬虫需要具有很高的适应性。

爬取是一项大生意，许多公司提供爬取服务。有些公司推出定制爬虫从特定资源收集数据点的业务。有些公司定期从一组特定的网页中提取新鲜数据，所使用的爬虫是为了适应页面不可用或经常变化的情况而定制的。还有一些公司提供定制爬取系统，可以提取网页上的任何可用数据。

有一个方案可以替代爬取服务，那就是使用可以提供数据即服务（Data as a Service，DaaS）的应用程序编程接口。该服务可以有效地进行爬取，然后通过应用程序编程接口中的特定端点提供数据。提供数据即服务的公司运行自己的爬虫——

或许还有其他数据收集方法——持续提供最新的、随时可用的高质量数据。其他功能可能包括，将电子邮件地址输入一个应用程序编程接口，该接口会提供该地址所有人的姓名、头衔和所工作的公司等消息。提供这项服务的公司可以通过数百种不同的方式获取这些数据，比如爬取公共资源和政府网站等。

网络爬取的数据不是专有数据，因为其他人在开放的互联网上也可以对其进行访问。然而，处理这些数据——对其进行"清洗"——可以有效地将其转换为专有数据，并使其对构建机器学习模型的人有用。通常，这意味着对数据进行结构化处理，使其具有一些可由概率系统计算的数值。

咨询与竞争

有些公司拥有大量的数据和一个需要解决的大问题，就是没有办法使用这些数据，因为机器学习的建构非常困难。这为拥有机器学习人才但没有数据的公司创造了一个与拥有数据但没有机器学习人才的公司合作的机会。

这种策略最简单的实施方式是，拥有机器学习人才的公司与拥有丰富数据的公司一起建立一个咨询项目，确保在项目完成之后拥有保留数据（或以某种版本保留数据）的权利。这样的项目可以通过高度定制的数据科学工作方式来完成。

　　另一个体现该想法的更高级做法是构建一个平台，在这个平台上，公司提交数据集和问题，然后，一群人提交机器学习模型，以足够的准确度来解决问题。率先将这一想法付诸实践的是Kaggle公司，一个成立于2010年的数据科学和机器学习从业者的在线社区。数据科学家和机器学习工程师可以去Kaggle浏览数据集，利用这些数据集建立模型来解决预测问题。很多时候，提交最准确预测的个人或团体会赢得现金奖励。

　　或许，这样一个平台可以用分布式方式进行构建，这样，任何人都可以在平台上创建数据集，然后在任何地方，在任何人看不到数据或模型的情况下运行该数据集。一方面，这将使公司拥有宝贵的私人数据，让世界各地的数据科学家和机器学习工程师，可以在从未看到过这些数据的情况下建立预测模型——私人数据没有泄露的风险。另一方面，数据科学家和机器学习工程师可以创建有价值的模型，而人们也看不到他们具体的工作过程。

　　在私人数据上构建机器学习系统涉及联邦学习、差分隐私、安全多方计算，以及区块链等市场激励机制。在这样一个系统中，数据所有者提交数据或者一个基本模型，并在获得奖励的情况下对模型进行训练，使其达到一定程度的准确度。然后，对模型进行加密，并上传到机器学习工程师的公共或私人网络。训练完成之后，他们会根据模型达到的准确度拿到不同的奖励。然后，机器学习工程师可以选择是否使用自己的私钥为提供奖励的一方解密模型。在这个过程中，任何一方都可以利用机器学习算法和模型访问对方的数据或知识产权。

数据驱动的媒体

媒体可以启动数据收集。这是一种间接方法——不是内置于产品中——但也是一个收集数据的有效方法。媒体上的文章，无论是纸质的还是在线的，都可以通过迫使相关人员向媒体提供数据来促进参与。例如，一篇文章根据成功项目的数量对一个行业的所有公司进行排名。该行业的相关人员希望自己的项目在榜单上排名靠前，但出版方需要关于他们项目的详细信息，才能对公司进行适当的排名。因此，行业相关人员就会提交数据，而出版方随后更新了排名，同时也获得了有价值的数据。这是一种高明的利己操作，因为这些公司提交的数据不仅对出版方有益，而且对公司也有益。

政府

政府历来都是通过人口普查收集数据的最大系统。美国政府的一些数据可以通过应用程序接口以结构化、可访问的形式提供。政府机构通过此类应用程序接口提供公共数据，这样一来，个人不仅能以更系统的方式获取公共信息，还可以尝试利用政府数据构建有用的应用程序。

然而，这些数据不是专有的，因此不是竞争优势的来源。竞争优势的来源是以前所未有的手动或数字方式从公共来源收集的数据。它可以是任何内容，从手动转录政府记录，到对离线政府数据库的现场访问，并从中提取数据。获取公共数据的机会在其他情况下难以得到，尤其是市一级政府，因为较低级别的政府通常没有资源为其选民创建和维护在线资源。

批量采购数据

我们把最明显的来源留到了最后：批量采购数据。有很多公司出售数据，从专门贩卖消费者数据的上市公司，到通过脸书捕获数据并顺带销售的花里胡哨的应用程序。有些公司甚至出售对酒精上瘾的人以及渴望摆脱债务的人的名单。数据经纪人的世界着实奇特怪异。

数据经纪人做些什么

数据经纪人获取特定类型或特定主题的临界数据，将其放在一个地方，并对数据执行一番优化操作，比如清洗、基础分析和数据补充等。经纪人出售的可能会是见解，而不仅仅是数据。有时，经纪人拥有其出售的所有数据；有时只拥有其中的一些，而另一些则是授权数据。然而，对于终端客户来说，数据是打包并定好价的，所有问题均由数据经纪人来处理。

数据经纪人业务极具挑战性。虽然客户是在严格地"租用"数据，但在获益之后，通常不会再租用更多的数据。因此，对于数据经纪人来说，关键是卖出需要定期刷新的数据，比如股票价格等。

数据经纪人经常通过应用程序接口提供数据，客户从这里发出对某些数据点的请求，然后以结构化的格式接收。数据通过管道传输到其他应用程序，比如营销自动化工具等。这就是所谓的数据即服务，因为数据被提供给应用程序，而不是批量接收。

数据经纪人类型

营销数据经纪人通常出售个人资料，这样一来，品牌、组织和其他实体可以直接找到这些人。但是，这些个人资料并不总是可以识别为一个人。相反，它们是与标识符关联的一组关于人的属性。该标识符可以是姓名、电子邮件地址、一个网名标识符，以及附带属性，从基本属性（如年龄）、个人属性（如12年前写的调查问卷答案）到抽象属性（如常点击哪些页面）。

还有一些公司在这些属性的基础上创建衍生配置文件，比如心理或人口特征，并根据推断出的个人偏好、口味或其他因素，将其放入不同的类别中。从本质上讲（而且带有贬义），这些模型系统地将人进行模式化，从而让营销人员更容易地推出最适合特定群体的活动。

金融数据经纪人汇总金融和公司数据。这些数据中最基本的是股票行情数据——也就是说，带有时间戳的股票价格。投资者还希望获得可用于建立公司估值模型的数据，例如特定行业的公司名单、财务报表信息（公共和私人）、产品清单、消费者调查和历史共识评估等。彭博新闻社就是这样一家公司，每年的收入超过100亿美元。

在其他垂直领域也有许多数据经纪人。公司可以购买医疗数据、行业特定数据以及产品数据等。

数据经纪人交易过程

从一个成熟的数据经纪人那里购买数据通常很简单。定价表列出了每个数据点的成本，通过应用程序接口或其他介质刷新数据时收费。对于规模较小的经纪人来说，这个过程可能更加复杂，包括填写表格和邮寄U盘等。然后还有一个选择，就是通过谈判，从拥有特定数据集的人那里一次性购买批量数据。

以下清单在购买数据时可能有用：

- **验证**。是否有人——第三方或数据经纪人本身——验证了数据的准确度？如果没有，那你可能最终拿到的是一堆垃圾。
- **结构**。数据的格式是否可用？如果不行，您可能需要花钱将其重新格式化，然后再输入数据管道。
- **所有权**。数据经纪人是否拥有正在出售的数据？如果没有，你可能会被人追着索要数据或者遭到起诉。
- **合规**。数据经纪人是否遵守了相关的——比如保护个人的——法律？如果没有，你可能会因使用数据而面临被罚款的风险。
- **安全**。数据经纪人是否能够保护正在出售的数据？如果不能，那么有人可能会偷袭数据经纪人，盗取数据，并将其公开——导致你购买的数据价值大大降低。

不要出售你的数据

人工智能优先公司可能会考虑是否出售自己的数据。这通常是从数据资产中赚取收入的次优方式。数据经纪人的价值没有利用数据构建产品的公司高。从长远来看，将这些数据用作数据学习效应的基础，可能会产生更多的价值。

我们来看两个非常成功的公司是如何得出相同的结论的。例如，脸书和领英在发展到中途时，都意识到他们的数据极其珍贵，因此切断了通过应用程序接口访问其数据的渠道。他们这样做是为了保护自己的能力，即通过销售高价值的应用程序——领英的销售和招聘产品，以及脸书的广告平台，来获取资产的全部价值的能力。如果他们将基础数据（配置文件）出售给其他在应用层获取价值的公司，是不可能推出这些产品的。

积累一个专有的数据集，虽然很辛苦，却是一件有价值的事情。但这只是创造数据学习效应的第一步。如今，将这些数据输入一个能够为客户提供见解的自学习软件系统，是建立一个永久性技术企业下一步要做的事情。

○ ○ 本章结论：尽你所能得到它 ○ ○

每周，我似乎都会听到另一种获取数据的新方法。在如何简单获取数据以及如何为社会构建下一波工具方面，人们的创造力是非凡的。当然，其中一些是一次性方法。然而，将它们串联在一起，积累成一个有价值的数据集，就是创建一家竞争力持久的人工智能优先公司的第一步。

在收集数据方面，没有什么正确的方法，没有所谓的金线（Golden Thread，即能够把某些东西联系在一起的重要和有价值的东西），也没有详尽的清单；你所要做的就是尽力得到它们。本章提供了一些想法和起点。在本章开头，通过评估框架进行数据获取，可以在获取和积累数据，以及规划如何保持数据新鲜度时，合理分配资金。下一章将向你展示如何根据你掌握的数据选择一种人工智能。

● ○ ● 本章要点 ● ○ ●

◆ **区分不同数据集的值。**物理或法律上的可达性、可用性、成本、时间和可替代性，是判断其他人是否能够获得相同数据，从而具有竞争优势的有用指标。

◆ **根据数据与你用例的相关性确定数据的价值。**持久性、准确度、维度、广度和自我强化，是确定数据集能否提高预测准确度的重要指标。

◆ **从客户那里获取数据。**经过深思熟虑之后，与客户签订合同，平衡其对基础数据的所有权以及根据该数据（包括模型和自行生成的数据）训练的人工智能的所有权之间的关系。

◆ **从小客户那里收集数据**。小客户可能更愿意分享他们的数据，而且，通过营销活动在产品和市场开发的早期阶段更容易接触到他们。规模较大的客户对其数据的使用有更严格的限制，并要求提供折扣。

◆ **创建一个数据联盟**。人工智能优先公司可以组织成立客户数据联盟来对抗行业巨头。

◆ **构建工作流软件来收集数据**。工作流应用程序中每天都有大量业务流程数据。人工智能优先公司可以利用这些数据构建一个智能系统，通过预测来实现工作记录自动化。

◆ **从其他软件中提取数据**。跨不同来源链接、规范化和更新数据是一项有价值的服务。作为提供此服务的一部分的公司可以直接收集数据，或者使用该数据管道生成元数据。

◆ **与拥有互补数据和商业模式的公司合作**。当数据能够增加现有数据的价值时，它便具有了互补性。公司有分享数据的动机，因为他们的模型会随着数据的增加而改进。

◆ **组建一个团队来手动标注数据**。这项工作可以外包、众包或内包。内包意味着建立一个团队来标注数据，其中可能包括专业和非专业数据标注员，并且需要工具来高效地对大量数据进行标注。

◆ **利用主动学习提高数据标注效率。**这样的工具有助于专业数据标注员使用几个手动标注的数据标签获取许多自动标注的数据标签。

◆ **让用户进入学习回路。**用户可以创建、标注以及评估数据。要达到最高水平的准确度，通常需要尽可能地接近人类的思维方式，所以需要人们的参与。

◆ **创建代理人基模型。**对代理人的激励、行为和约束进行建模，然后观察他们的互动来获取数据，尤其是关于复杂系统的数据。

◆ **创建模拟。**创建并运行一个模拟系统，可以生成有关意外情况的数据。

◆ **合成数据。**软件可以在同一对象的不同版本、多视角、难访问、低概率、高成本或低速度实例上创建新标签。合成数据通常用于在非结构化数据（如图像）上生成标签。

◆ **对第三方数据提供者进行激励。**基于令牌的激励是一种在特定网络中激励数据贡献者的新方法，因为令牌设置了验证和奖励步骤。

- **创建一个收集数据的消费类产品**。创建一个单独的应用程序，推出一款消费类产品，部署传感器，虽然成本较高，却能够有针对性地收集数据。

- **爬取公开可用数据**。网络、政府和数据供应商拥有大量数据，可以通过网络爬取、咨询与竞争或者媒体等来获取。

- **不要出售数据**。数据经纪人的价值不如使用数据构建产品的公司价值高。利用这些数据构建一个数据学习效应。

THE AI-FIRST COMPANY

第四章

人工智能优先团队

处理数据是构建数据学习效应的第二步。

$$数据学习效应 = 数据规模经济 + 数据处理能力 + 数据网络效应$$

处理数据并从一个精益人工智能产品转变为一个完整的人工智能优先产品，需要一个人工智能优先团队。本章将讨论聘用什么人、在哪里找到他们、如何支持他们、最有效的管理类型是什么，以及如何围绕他们构建组织等。考虑到人工智能的潜力，这类人才可谓供不应求，你需要拥有一双慧眼才能在别人忽略的地方找到他们，比如在顶级计算机科学院校殿堂之外，或者在其他众多领域内。接下来的挑战就是构建一个人工智能优先的组织，这一点我们最后再讨论。这需要在整个组织中部署能够构建人工智能的人员，在不同学科之间传播知识。

本章的重点是如何搭建数据处理和模型构建团队，包括构建工作所需的不同任务、工具和训练等。这本书不是教工程师如何建立模型，而是教企业管理者如何取胜。为此，我们建议在你的组织中配置最佳的实践项目让人工智能优先团队的成员们发挥作用，从而得到良好的管理、资源赋能和认可。

聘用什么人？

不同的技术要求不同的能力，人工智能优先公司使用的技术堆栈与软件公司使用的不同。人工智能优先公司使用高容量数据基础设施、高速查询引擎、高并发分析管道、计算密集型可视化产品，以及机器学习模型。他们构建界面，显示环境预测，并收集反馈。管理这项技术所需的能力来自数据基础设施工程师、数据工程师和机器学习研究人员等。人工智能优先公司最终可能需要建设一个团队，其中包含很多这样的人。

他们可能需要具备下列能力。

- **数据分析师:** 设置仪表盘、可视化数据，以及解释模型输出。
- **数据科学家:** 安排并实施实验。
- **数据工程师:** 做数据清洗、创建自动化数据管理工具、维护数据目录、整合数据资产、整合新数据源、维护数据管道，以及建立与外部数据源的链接。
- **机器学习工程师:** 实施、培训、监控和维修机器学习模型。
- **数据产品经理:** 将模型的数据需求与产品设计师的可用

性意图和客户的偏好结合起来，以便优先考虑收集专有数据的产品功能。

- **数据基础架构工程师：**选择正确的数据库、设置数据库、在数据库之间移动数据、管理基础设施成本等。

- **机器学习研究员：**设计并运行实验。

- **软件工程师：**编写通过用户界面、应用程序编程接口（API）或其他媒介提供预测的软件。

- **设计师：**设计界面，包括从客户那里获取反馈数据的任何互动元素。

每个特定数据和机器学习的角色，往往由教育背景与传统软件工程师稍有不同的人担任。

- **数据分析师：**工商管理硕士及以上或者统计学、计量经济学、经济学、数学和其他学科的学士及以上。

- **数据科学家：**在统计学、数学、物理学方面具有高级水平的人员。

- **数据工程师：**计算机科学专门研究数据库的人员。

- **机器学习工程师：**计算机科学研究和机器学习、数学或物理硕士研究生及以上。

- **数据产品经理：**软件产品管理和设计管理或项目管理人员。

- **数据基础设施工程师**：高级计算机科学专门从事分布式系统研究的人员。

- **机器学习研究员**：机器学习、数学、物理，或计算神经科学的硕士研究生及以上。

什么时候招聘？

仔细排列员工招聘顺序，有助于公司提升其对数据战略的资本投入、汲取经验教训的能力，以及对人工智能优先的文化进行管理。

以下的招聘顺序是基于没有任何数据科学能力的假设，并且更适用于较小而非较大的初始投资。一些公司可能已经拥有一些能力或者范围很广的项目，需要更大规模的初始投资；而人工智能优先公司有时会需要聘用一个完整的团队。

- **数据分析师**：第一，因为改进决策的业务需求决定了预测建模项目的优先级。

- **数据科学家**：第二，尝试使用统计和机器学习方法进行预测，为支持对特定数据源和模型类型的进一步投资提供初始证据。

- **数据工程师**：第三，因为获取和处理数据要先于构建模型。

- **机器学习工程师**：第四，因为构建一个可以在现实世界中工作的模型，需要稳健建模和与现有软件的集成。

- **数据产品经理**：第五，因为设计一个产品以获得对模型输出的反馈，有助于改进并积累专有的反馈数据。

- **数据基础设施工程师**：第六，因为扩展工作模型需要管理大量数据、快速处理数据，并确保质量。

- **机器学习研究员**：第七，因为找到边缘案例的解决方案需要超越现有的机器学习框架，从而推动最新技术的发展。

最后一点：根据产品、团队和系统的不同，外包对于其中一些角色来说是一种可行的方法。独立的分析工作以及附带的数据集，可以外包给作为独立承包商的个人数据分析师或科学家。当要做的分析和要回答的问题非常清楚，以及找到这些答案的数据只包含在几个数据库中的时候，这种方法非常有效。聘请顾问来建立数据管道、做出合理的数据基础设施选择、运行数据存储系统，也可以使用外包方法。关于外包数据基础设施工程的决定，取决于外包公司能够使用的数据和计算的基础设施。一些云计算基础设施公司提供高自动化、高质量的数据基础设施监控和修复服务，这些都是他们的核心产品。

机器学习的核心工作（模型更新）很难外包，因为模型往往需要不断调整、训练和监控。数据产品经理需要与客户和用户进行持续不断的互动，以了解如何最好地从他们那里收集数据，并以最方便可用的方式向他们呈现预测，这使得模型更新成为最难外包的工作之一。同样难外包的还有机器学习研究人员的工作，要想找到新颖的、基于机器学习的问题解决方案，往往需要很长时间，因为他们需要广泛探索内部数据、使用昂贵的计算机、完全控制实验，还要考虑团队中的机器学习工程师将如何运行生成的模型。换句话说，与一组固定的人——比如，在大学实验室里——进行长期合作，可以很好地解决他们特定专业或研究领域的问题，而且通常还可以得到机构的联合资助。简而言之，一个角色（流程）是否适合外包，取决于他是否需要与客户及企业持续互动。表4-1对聘用什么人以及何时招聘进行了总结。

表4-1　聘用什么人以及何时招聘

角色	背景	成本	可外包吗？	招聘顺序
数据分析师	商业	低	是	第一
数据科学家	统计	低	部分	第二
数据工程师	数据库	中	是	第三
机器学习工程师	计算机科学	中	否	第四
数据产品经理	产品管理	中	否	第五
数据基础结构工程师	分布式系统	高	部分	第六
机器学习研究员	机器学习	高	也许	第七

在哪里找到他们？

从统计学开始意味着在聘用工程师和机器学习研究人员之前，先聘用分析师和数据科学家。从本质上讲，通过将数据科学和软件工程分离开来，就可以把招聘重点放在没有软件工程经验的数据科学家身上，从而扩大了候选人的范围，将与数据操纵相关的所有学科都包括在内。

你可以在经济学、计量经济学、会计学、精算学、生物学、生物统计学、地质学、统计学、流行病学、人口统计学、工程学和物理学等领域，找到分析师和数据科学家，因为这些领域需要高水平的数学和统计学知识储备。例如，具有广泛物理学背景的候选人，可能精通处理数据分析的基本概念。

在这些学科中，我们可以找到一些技术人员，他们所拥有的技能使其能够使用第二章"精益人工智能"中阐释的许多方式进行数据集研究。这些技能包括：

- **统计**。测量、过程控制、仪器使用和建模。
- **操控**。建模、聚类、回归、模拟和可视化。
- **运作**。优化、产量管理、制造、工程、系统、互动、预测和决策。
- **学习**。信号处理、控制工程、统计力学、系统等。

如何支持他们？

毕竟，只有动机明确的人——数据科学家或软件工程师——才会想要解决有意义的问题。就问题进行沟通、向领导层阐明里程碑式工作的重要性、确定解决问题的工作优先级，并向客户提供解决方案，都会激励数据科学家做好工作。

数据科学家和机器学习工程师离不开数据，因此，及时获取结构良好的数据，是支持人工智能优先团队的首要方式。这本书关注的不是如何进行最佳的数据管理，而是从我们对数据收集和管理模型的讨论中推断出最佳的数据管理方法。

给团队提供正确的工具可以帮助他们做好工作。个人数据贡献者通常有自己喜欢的工具，而新工具也会定期出现。此外，没有通用工具。表4-2是个人贡献者可以用来解释多样性、成本和功能的工具表。

表4-2　个人贡献者可以用来解释多样性、成本和功能的工具表

类别	成本	示例
综合开发环境	每月几美元	JupyterLab、Jupyter Notebooks、谷歌合作实验室、RStudio、PyCharm、微软Visual Studio、MathWorks、MATLAB、Vim/Emacs/VS Code
协作	每月几百美元	Dataiku、亚马逊SageMaker

续表

类别	成本	示例
框架	免费	Scikit-learn、Keras、XGBoost、谷歌TensorFlow、PyTorch、Apache Spark MLib
云平台	根据使用情况确定	亚马逊网络服务、谷歌云、微软Azure、IBM云、SAP云
预训练模型	免费	各种开源软件、谷歌云、亚马逊Rekognition、微软Azure
自动机器学习	免费	Cloud Platform AutoML、AWS Comprehend & Rekognition、微软AutoML、H2O、DataRobot
数据标注	根据使用情况确定	Appen、Labelbox、SuperAnnotate
可视化	每月几百美元	Tableau、Looker、Domo、微软电子表格
数据准备	根据使用情况确定	Informatica、Trifacta、Alteryx、Tamr、Paxata

人工智能优先管理

人工智能优先公司可能需要新型经理。表4-3显示了人工智能优先数据科学家团队人员管理要求，与传统软件工程师团队管理的要求有所不同。

表4-3　人工智能优先数据科学家团队人员管理要求

示例	软件工程师	数据科学家	机器学习研究员
输出	功能	见解	模型
测量	瀑布图步骤	产生问题的学习	预测精度
工件	编码	电子表格、图表、演示、代码或讨论	模型、功能和数据结构
交互方式	参数	讨论	实验报告
工具	经理选择	个人选择	团队选择
基础设施	共享组织	个体	共享团队
所需计算能力	一般	中等	高

一般来说，工程师和数据科学家需要不同类型的管理，原因如下：

● 工程师的任务是实现特定的目标，比如研发一个功能，而数据科学家则是设法提出并解决问题，比如为什么会发生某些事情。可以使用瀑布图和代码行等方法和指标跟踪工作进程，帮助工程师实现目标。提出并解决问题十分困难，因为答案是未知的，所以目标往往是飘忽不定的。

● 工程师用代码交付具体的工件。数据科学家以电子表格数字、演示文稿图表、编码模型，或亲自讨论的形式提供结果。因为追求的结果不同，所以工作进展可能很难衡量；而因为问题一直在变化，所以不会有正确答案。

● 工程师需要某些工具来完成工作，因此，经理们通常会为团队定制工具包。数据科学家可能会根据他们要做的工作选择不同的工具，并在需要使用不同方法时对这些工具进行更换。

● 工程师从客户或产品经理那里获得规格参数，满足这些要求，然后交付结果。数据科学家无法获得规格参数，因此，他们需要定期召开会议，对客户想要他们解决的问题进行优化更新。

● 工程师编写代码以便在共享计算资源上运行。数据科学家最终可能不会在共享的计算资源上运行他们的模型；相反，他们会在自己的计算机上建立模型。

● 运行智能系统所需的计算资源可以比软件代码大得多。数据科学家可能需要更大的预算，为了获得他们所需的计算资源，有时候还需要特批的物资采购，这可能需要更多的行政支持和参与。相对来说，考虑到潜在的高成本，他们可能需要对计算资源的利用进行更严格的控制。

具体来说，管理工程师和管理数据科学家的差异，取决于他们在人工智能优先团队里的具体角色。

- **数据基础设施工程师**：差异不大。由管理工程师的人管理。

- **数据工程师**：有些差异。由管理工程师的人员管理，但可能需要管理公司数据资产的人员（如首席数据官）进行协调。

- **数据分析师**：差异不大。由分析或商业智能领导者管理，或由业务部门内的经理管理。

- **数据科学家**：不同。由不具备分析专业背景的领导者管理非常困难，因为这项工作更具实验性，涉及先进的分析方法。由工程人员管理也很困难，因为大部分工作是数学而不是工程。因此，最好由那些有量化背景和管理研究人员经验的人来管理。

- **机器学习工程师**：不同。需要工程管理人员管理，因为该角色涉及编程和在共享基础设施上运行模型。然而，机器学习工程师需要一些不同的机器学习专用工具。

- **机器学习研究员**：差异非常大。由工程人员管理很困难，因为他们大部分工作是数学而不是工程。最好由那些有量化背景和管理研究人员与数据科学家经验的人来管理。

人工智能优先公司

　　将人工智能人才安置在他们可以了解真实世界问题的地方。设计一个组织结构，将最好的数据科学和机器学习员工安置在业务部门，从而将其变成人工智能优先公司。我们所要做的就是在中心化和去中心化之间做出选择。

　　中心化人工智能优先团队有一名高层领导，比如首席数据官，负责管理公司的所有数据科学、分析和机器学习人员。首席数据官与首席技术官以及首席信息官协作，决定使用哪种数据基础架构。对数据、报告、分析工具和预测模型的请求都会提交给这个中央单元，由其决定应该满足哪些请求。许多公司在创建人工智能优先公司的初期选择中心化模式。这一模式的最大好处是集中制定有关数据基础设施、管道和项目的决策，使得数据科学家和机器学习工程师可以有效地进行合作解决困难问题。这一模式的缺点是向公司其他部门提供数据的速度下降，从核心信息技术预算或团队获得资源的渠道受到限制，以及缺乏从数据科学家到领域专家的知识迁移。

　　去中心化人工智能团队有一个业务部门负责人，例如总经理，负责管理该部门交付的核心产品。数据科学家和机器学习工程师与该业务部门的其他人合作开发项目，这些人既有领域专业知识，又能持续接触客户。这可能是一个关键的好处，因为人工智能通常需要来自领域专家的启发、来自现实世界的数据和来自客户的反馈，才能达到足够的准确度，从而具有实用性。去中心化的缺点可能包括使用不具备构建智能系统所需功能的共享信息技术基础设施、数据碎片化、无法从公司内部获得补充数据、高管参与基于人工智能的项目有限，以及缺乏从领域专家到人工智能专家的知识迁移。

两种模式还可以相互结合，在聘用人工智能优先团队、将其部署到整个组织、建立数据基础设施、管理数据和决定要执行的项目方面，进行了一定程度的协调，但在如何利用数据和机器专家方面，最终还是要听从业务部门经理的意见。

人工智能优先公司将人工智能人才分布到组织的各个部门，让人工智能为其所有产品提供支持，并使用支持人工智能的计算基础设施。他们还拥有去中心化的数据科学和机器学习功能，以及一个为整个公司制定数据战略的管理团队。然而，并不是所有的公司都是以构建人工智能优先公司为起点的，因此，在这段旅程中，不同的公司可能处于不同的起始点。人工智能优先公司如图4-1所示。

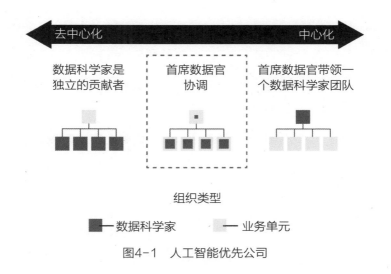

图4-1 人工智能优先公司

○ ○ **本章结论：传播数据科学** ○ ○

　　我每周都在初创企业和上市公司与高管们进行交流，他们在创建人工智能优先公司的道路上都处于不同的航点，但行动迅速和行动迟缓的人之间的区别在于思维方式：那些不断将工业与技术相结合的公司，正在建立人工智能优先公司。对管理人员来说，在一个组织中嵌入人工智能人才是一项严峻的挑战，但要想成为人工智能优先世纪的一位重要角色，这个问题值得解决。

　　构建人工智能优先团队，是人工智能优先公司的核心要务，但却没有完美的样板可以遵循；也没有唯一正确的做事方法。按本章所述的方法可以让公司找到合适的候选人，对他们进行恰当的管理，并围绕他们建立一个组织。公司对所涉及的任务有一个透彻的理解，有助于精准招聘，或许能够招聘到计算机科学之外的人才。熟悉他们的工作有助于管理和支持他们，并最终将其融合到整个组织中。

● ○ ● 本章要点 ● ○ ●

◆ **人工智能优先公司需要一个多元化的团队来管理不同的技术。** 管理人工智能技术所需要的能力来自这些人员：数据基础设施工程师、数据工程师、数据科学家、数据分析师、机器学习工程师和机器学习研究员等。

◆ **人工智能优先团队需要具备不同技能的人。** 数据科学、统计、数学、物理、计量经济学和经济学等领域的专业人员，能够更好地理解人工智能的基本原理，并将其在现代计算基础设施上运行。

◆ **人工智能优先团队需要人工智能优先工具。** 为数据科学家和机器学习研究人员提供笔记本电脑、框

架、云服务、预训练模型、数据标签、数据准备和
可视化工具，可以帮助这些团队顺利完成工作。

◆ **工程师和数据科学家需要不同类型的经理来管理。**
数据科学家和研究人员都会提出问题，但分析和
得出结果的方式不同。数据科学家使用电子表格数
字、演示文稿图形、代码模型和亲自讨论的形式发
布结果。他们无法从商业用户那里得到需求，所以
需要定期开会沟通。他们可能需要一个更大的预
算，以及临时采购许可——当然，也需要相应的监
督。这与软件工程师不同，软件工程师能够从商业
用户那里得到清晰确定的目标，知道必须交付什么
样的成果。

◆ **人工智能优先公司由人工智能主导。**人工智能优先
公司将人工智能人才安排在公司的每个岗位，让人
工智能为所有产品提供支持，使用支持人工智能的
计算基础设施，将数据科学去中心化，同时拥有一
支为整个公司制定数据战略的行政团队。

THE AI-FIRST COMPANY

第五章

建模

到目前为止，我们已经对竞争优势进行了定义，引入了新的、独特的竞争优势形式，展示了如何对其进行测量，并给了你一张建设蓝图。

数据学习效应=数据规模经济+数据处理能力+数据网络效应

我们在第三章中讨论了数据学习效应方程的第一部分，"获取数据"；在第四章中讨论了第二部分，"人工智能优先团队"；第二章讨论的是"精益人工智能"；第六章将讨论的是"模型管理"。本章我们要讨论的是数据学习效应方程的第三部分：如何使用机器学习、神经网络和其他跨数据网络执行操作的技术，来构建数据网络效应。

首先，让我们再看一下数据网络图示（图5-1）。

现在，我们将注意力转向

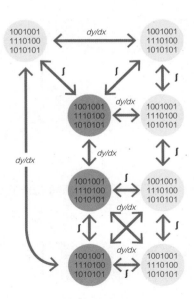

图5-1　数据网络

这些边缘（线）上发生的事情。这一切都与通过构建机器学习模型来制定增强竞争优势战略有关。

人工智能领域发生突破的速度令人吃惊。可以使用的机器学习方法很多，而且许多都是模型，稍做调整就可以用于数据处理。使用什么方法以及如何对其进行调整，取决于要处理的数据和要解决的问题，但所有这些都会强化学习，增加智力，有些甚至会通过积累独特的数据来创造新的资产。这就是人工智能优先公司将构建模型置于其他研发工作之上的原因。

下面是一些特定方法生成数据的示例。这些例子和附带的基本知识，可以为商业领袖提供指导，帮助其更好地理解机器学习的潜在战略价值，而非指导他们做出技术决策。

基本知识

机器学习使计算机智能化，使其能够做许多人类能够做的事情，而且是大规模地做，此外，正如我们将看到的那样，它还会做人类无法做到的事情。开发机器学习模型需要大量的前期工作。首先，根据一个输出变量来正确地构建问题：预测会有多少标签，以及是否要找出相关性或者进行分类。其次，通过计算和编程使机器学习模型可以识别事物的特征。在机器学习（和统计学）中，一个特征是一个潜在相关性因素，一个标签就是一个输出。

有时，人们可以在没有太多帮助的情况下，简单地设计出一些有用的特征。例如，眼睛的瞳孔是一个小的黑色圆圈。因此，在构建识别眼睛的机器学习模型时，可以加入这样一个特征，一旦给定的图像描绘的是一组几何圆形的黑色（十六进制值#000000）像素时，该特征就会被激活。

有时候，特征工程需要有特定领域的专家参与。我们都认识瞳孔，却无法识别其中的病变。以心脏左心室肥大为例，左心室肥大的人通常没有症状，而实际上左心室的肌肉壁在逐渐变大变厚，阻碍了含氧血液向身体其他部位的输送。构建利用超声心动图识别这种情况的模型特征工程，需要医学专家的支持，因为他们知道左心室的位置，什么样的厚度才会损害心脏的功能。然后，该模型可以将传入图像与这些参数关联起来，并标记出左心室肥大的潜在病例。总之，实践中的许多机器学习都涉及相关性，领域专家需要提供并验证相关假设，说明为什么相关性实际上可能就是因果关系。

此外，有些东西很难用机器术语来定义。在某些情况下，人们可以识别物体，但不能识别其特征；通过将模型应用于噪声数据，机器通常能够清晰地识别特征，但我们却做不到这一点。例如，我熟悉一匹斑马，但我无法告诉你它身上黑色条纹和白色条纹之间的间距。不过，假如想让机器从一群斑马中识别出这匹斑马的话，那我们就必须弄清楚这种间距。然后，就可以给它一组斑马的图像，使其根据条纹间距把这匹斑马找出来。

我们可以通过给机器一组标有输入和输出的数据，来监督机器对特征的学习情况。例如，图像A是斑马，图像B不是斑马。然后，经过对A图像和B图像的扫描，机器能够从中找到一组特征，即A图像中黑白条纹间距。

机器也可以在完全无监督或半监督的情况下，对未标注的数据集进行处理。机器将使用各种方法，通过人工编程，对数据进行分组，最终将数据组与事物的重要特征对应起来。

以下是构建监督机器学习模型时对特征进行定义的方法：

● 有时，那些特征一目了然，任何人都可以识别；
● 如果不明显，就请领域专家对其进行定义；
● 如果依然不明显，就编写一个算法，通过研究标记元素来找出一些特征；
● 如果还不行，就使用其他不需要特征或标签的方法。

大量显著的、预测性的特征，会让机器学习模型更准确。

因此，在开发模型时，通常会采用上述三个步骤。然而，增加特征的数量会增加模型与训练模型所用数据之间过拟合的可能性。无论输入什么数据，我们的目标都是增加可以提高预测能力的特征的数量。

现在，让我们探讨一下机器学习方法的类型，以及每个类型是如何创造数据网络效应的，该效应是数据学习效应的第三个组成部分。

挑选

目前使用的机器学习主要有五种类型。监督学习和无监督学习这两种类型在每一个层面的人类参与程度都不相同。强化学习是一种与监督学习和无监督学习在功能上不相同的方法。迁移学习和深度学习与其他类型有重叠。表5-1显示了学习类型与条件的匹配关系，这一关系取决于手头的数据、所需的解释能力，以及现有的预测问题的知识。

表5-1 学习类型与条件的匹配关系

类别	监督学习	无监督学习	强化学习	迁移学习	深度学习
学习来源	有输出的输入	无输出的输入	目标	输入	学习网络的其他层面

续表

类别	监督学习	无监督学习	强化学习	迁移学习	深度学习
需求	训练和反馈数据	大量数据	目标	现有模型	大量数据和计算资源
表现良好时刻	数据可用，但缺乏算法	不清楚目前在研究什么和/或没有标签	可以清楚地表达状态、行动、奖励，以及如何根据奖励修改状态	问题相似，训练时间和计算时间资源有限，需要尽快取得成果	有很多非结构化的时间序列数据（用于卷积神经网络）或非独立的数据（用于递归神经网络）
选择方法	随机森林，决策树（包括随机森林和梯度增强类型），回归、支持向量机（SVM）和神经网络	聚类（k-均值、分层等）和高斯混合模型	各种形式的强化学习	贝叶斯网络与马尔可夫逻辑网络	卷积神经网络和递归神经网络

复合

预测方法多种多样，每种方法都以不同的方式生成和积累数据。下面是一些常见的方法，以及作为模型输出的新数据生成、积累，并用于模型训练的过程。

多元学科

归纳逻辑程序设计（Inductive Logic Programming，ILP）：形式逻辑是一种相对简单的智能形式。程序员创建一系列代表数据的规则，然后程序根据这些规则生成数据。不过，数据只有在成功完成实验之后才会生成。至于数据积累，在程序员设计新规则或使用现有规则进行新实验之前，数据不会自动累积。

统计分析：统计分析方法也有很多，比如回归分析，该方法对于建立数据分类规则非常有用。在数据创建方面，分配给数据点（如人口统计元素）的类别是元数据，在构建另一个预测模型时可能很有用。但是，这里没有自动的数据积累，而这些方法在实验中查找机器学习模型的特征或者数据清洗时会十分有效。

决策树：决策树是由树枝和树叶组成的。树枝是关于数据集组件的更一般性的观察；树叶是分析的特定目标。通过创建和使用不同的分类或者运用回归可以从树枝到达树叶。不过，分类取决于在计算离散数据时采用离散化数据分桶（例如，使用回归）或是采用连续数据分桶。有了这些类别和数字，观察（树枝）就变成了预测（树叶）。就数据创建而言，在构建决策树的过程中创建的类可以是有价值的信息，它们不仅对运行该树有用，而且对在同一领域或类似领域做出其他决策也有用。也就是说，向一段数据中添加一个类或数字是一种元数据形式，在构建另一个预测模型时可能很有用。至于数据积累，决策树可以通过向树中添加某种程度的递归，以越来越快的速度生成数据；也就是说，重新审视自己，然后决定是否用新叶代替旧叶。

决策网络： 它们是对有限的、连续决策问题的图解，图中包含决策中的变量以及某些结果的效用度量——也就是说，决策方式决定结果。决策网络通常被构建成一个有向无环图（也就是说，每次运行时，在点之间跳跃，而不是以相同的循环模式运行）。从本质上说，这是一个巨大的、充满可能性的网络，可以在一个方向上进行穿越。贝叶斯网络是一种决策网络，其中分配给图的每个部分的概率取决于决策周期早期发生的事情，因此图的每个节点上都有一个概率函数，它从之前的节点获取值。在数据生成方面，决策网络可以从数据中推断网络结构、权重、未观测变量和概率分布。该网络以及应用该网络的每个部分的分布，可以用于做出其他决定。当涉及数据积累时，在网络的每次运行中都可以推断出新的权重和参数，因为这些将根据之前网络运行时所做的决定而改变。

进化算法：生物学激发了许多类型的机器学习，而进化激发的却是一类包含遗传算法的系统。这些系统通过挑选在每次迭代中产生最佳结果的算法，然后在下一次迭代中使用它们，逐渐缩小候选算法的范围，从而找出最佳解决方案。在数据生成方面，进化系统在每次迭代中都会生成输出数据，而在数据积累方面，进化系统将继续以越来越快的速度生成输出数据，直到指令停止。

机器学习

前馈神经网络（Feedforward Neural Networks, FNNs）：这些网络朝一个方向运行——向前。在数据创建方面，前馈神经网络在每次运行时创建一个预测。在数据积累方面，前馈神经网络不会以越来越快的速度积累数据，因为网络不会自动重复运行，不会随时间的推移自动添加特征。

递归神经网络（Recurrent neural networks, RNNs）：就初始结构而言，它们类似于前馈神经网络，但可以应用于长度不确定的输入序列，使用的方法是用处理先前数据之后的状态来影响当前输入的处理。在数据创建方面，递归神经网络在输出时——通常是在模型达到一定精度时——创建预测。在数据积累方面，尽管准确度在不断变化，但递归神经网络会在网络的每一次自动运行中生成预测。

卷积神经网络（Convolutional Neural Networks, CNNs）：它们类似于前馈神经网络的更深层版本，因为在生成输出之前，需要在许多层上执行微分运算。在数据创建方面，卷积神经网络可以学习问题的特征，即使这些特征不能提高生成它们的模型的准确度，这也是有价值的。在数据积累方面，卷积神经网络每次自动运行都会累积这些特征。这些特征不是数据，而是信息；这些特征可以用来确定下一步要探索什么，以及如何通过下次应用不同的模型从增量数据中获得更多价值。

生成性对抗网络（Generative Adversarial Networks, GANs）：它们是由两个（或更多）被设置为相互挑战的机器学习模型组成的网络，这就好比和某个人辩论时，多了一个陪练员。其中一个无监督模型（生成模型，通常是一个反卷积神经网络）根据其对相关数据的推断生成新模型，而另一个模型（判别模型，通常是一个卷积神经网络）根据真实数据分布对候选模型进行评估。生成模型试图找出判别模型认为接近真实数据分布的候选项。但事实上，生成模型最终将生成一些新的东西（除了数据分布）用于一系列测试。这有点违反直觉，但在数据生成方面很重要。在数据创建方面，生成性对抗网络提出了模型设计者甚至没有考虑的特征。因为模型的评估会反馈到下一次运行中，因此生成模型和判别模型都会在下一次运行中创建新的数据分布。在数据积累方面，生成性对抗网络可以以越来越快的速度积累数据，因为新模型可能比以前的模型有效得多。随着网络的每一次自动运行，生成性对抗网络就会添加功能，直到不再进行判别。

增强学习（Reinforcement Learning，RL）：增强学习是机器学习的一个领域，涉及开发优化奖励的代理，创建一个（软件）代理，该代理可以使用机器学习来实现目标，例如赢得一场电脑游戏。在数据创建方面，代理每次执行任务时都会收集观察结果，这些观察可能是新的，因为创造者从未给一个模型进行编程来采取增强学习代理所采取的行动。这些代理不断积累数据：观察系统的状态，采取行动改变它，观察它们行动的效果，等等。通过机器学习方法创建和积累的数据见表5-2。

表5-2　通过机器学习方法创建和积累的数据

方法	创造的数据	积累的数据
归纳逻辑程序设计	规则	无
数据分析	类别	无
决策树	层次	层次表现
决策网络	推断出的网络结构、权重、未观测变量和概率分布	权重和参数
进化算法	算法性能	算法性能

续表

方法	创造的数据	积累的数据
前馈神经网络	预测	无
递归神经网络	预测	预测
卷积神经网络	特征	特征
生成性对抗网络	特征	特征
增强学习	观察结果	观察结果

○ ○　本章结论：构建业务模型　○ ○

　　尽管尖端研究的前沿正在以前所未有的速度前进，但现在开始机器学习比以往任何时候都要容易。选择一个基本框架，并在其中运行数据是一个很好的起点。我看到公司每天都在这样做，直到后来才会深入到更难的问题，比如定制模型组件解决客户问题等。

　　选择什么样的工作方法取决于你要干什么，以及你要预测什么。一旦有机器学习模型运行之后，你就需要退后一步，考虑一下它们如何才能对公司的核心资产做出贡献。人工智能的力量在于随着时间的推移积累起来的信息，而很多信息都存在于数据里——也就是它所学到的东西。然而，人工智能生成的数据还与其学习规则的方法、特征、类别、结构、参数，以及循环每一周产生的其他输出有关。

● ○ ● **本章要点** ● ○ ●

◆ **根据可用数据选择机器学习方法**。监督学习需要训练和反馈数据，而无监督机器学习只需要大量数据。

◆ **有些模型需要一个目标**。强化学习模型需要目标。其他形式的机器学习通常不需要，它们甚至会毫无目的地发布信息。

◆ **学会学习**。一些人工智能生成有关其学习方式的数据，在寻找新问题的解决方案时积累有价值的资产。

THE AI-FIRST COMPANY

第六章

模型管理

下一个挑战是把人工智能从实验室带到现实世界中。人工智能优先产品具有吸引人们长时间访问的特性，但需要与现有软件、流程和系统建立联系，因此，我们本章就从最佳客户实践谈起。

很多媒体报道称人工智能"已经疯了"：生成有偏见或冒犯性的输出，做出有问题的决定。目前的挑战是确保这些模型不会与现实脱节或失去联系。人工智能优先产品之所以强大，是因为它们不断适应、进化并产生新数据，但这种持续的变化使它们难以管理，就像平衡以下多维的因素一样。

实验与实施

自由实验会产生强大的模型，但这些模型需要在现实世界中应用，才能产生价值。

去中心化与中心化

对模型特性有影响的专业知识是去中心化的——分布在各个组织之间——但运行模型的软件基础设施却是中心化的。

测试和观察

测试有利于暴露问题，但是我们必须把模型放到现实世界中进行观察，从中学习。

理想的模型管理系统允许人工智能优先公司运行去中心化的实验，严格测试模型，并在它们开始从真实数据中学习之后对其进行监控。至关重要的是，理想的模型管理系统可以让模型不间断地学习。

创建一个闭环系统，在模型再次运行之前验证其输出，可以保持模型处于受控状态。本章我们提出了一个重要的设想，就是构建机器学习管理回路：一个自动系统，用于连续对模型进行培训、修改、部署、测试、监控和修复。启动该回路时，你不必让整个回路都运转起来，而只需让其中一部分运转起来。此外，我们还希望你对可能出现的问题以及问题可能出现的时间有更为清晰的认识，从而能够领先一步发现潜在的问题。在这里，我们将把模型管理与技术行业里近似的概念联系起来，比如敏捷开发、DevOps和统计过程控制（Statistical Process Control，SPC），同时也引入了管理智能系统的新理念。我们有两张图表，可以带你看懂本章的两个部分：实施与管理。图6-1展示了模型接受的步骤。

图6-1　接受模型的步骤

实施

将模型从实验室移出投入实际应用通常涉及大量人员、流程和软件。每一次实施都是独特的，所以我们的目的不是提供一个全面的指南，而是提供引导该过程的路标。

数据

智能系统需要数据。许多供应商可以对从客户那里获取数据所需的提取、转换和加载操作进行管理。然而，经常有一些重复性和独特性问题需要处理。客户可能会对保存哪些表格以及如何定义数据元素有自己的看法，而且，他们经常通过使用新产品来促进数据基础设施的重建。从一个数据库中用最少的表提取最少量的数据，有助于避免客户重建整个数据基础架构的问题，因为单个数据提取过程不太可能揭示数据存储、标记等方面的问题。无论如何，严格指定必要的数据、领导负责完成任务的团队、对ETL（提取、转换和加载）产品供应商的选择过程进行积极管理，可以让实施进行得更快。

关于数据基础架构的选择，在探索阶段，人们会对成本、延迟、规模以及安全性进行权衡。例如，要运行小规模实验，成本就不那么重要，因为小规模实验不需要很多计算资源。但是，延迟更为重要，因为快速获得结果可以在相同的时间内进行更多的实验。在测试阶段，规模不太重要，但在进入生产阶段后将较为重要。在实验阶段，为了获得高可用性（低延迟）数据库以存储实验数据而支付更高的费用是有意义的，但在生产阶段则没有意义。你可以选择一个云供应商来提供生产数据库，为世界各地的客户快速自动启动新服务器。相较于传统软件公司，为人工智能优先公司选择合适的数据库和数据基础设施更加复杂，因为人工智能优先产品涉及定期培训、测试和生产周期，每个周期都有不同的成本、延迟、规模和安全需求。

软件

智能系统有时有一个带有用户界面的应用程序来提供预测，但有时它们直接与现有系统集成。例如，智能优先客户关系管理软件公司可能会构建一个新的应用程序供销售人员每天使用，也可能会向现有客户关系管理软件（如赛富时）提供建议。在后一种情况下，当输入另一个前端应用程序时，系统需要通过应用程序编程接口连接到该应用程序。当该应用程序有一个开放的应用程序编程接口（比如赛富时）时，这会比较容易，而当它是一个封闭的（通常是付费的，比如思爱普）应用程序编程接口，或者当它根本没有应用程序编程接口，需要自定义集成时，就会比较困难。构建一个应用程序是一个全新的软件项目，有另一套考虑因素，它们超出了本书的讨论范围。

安全性

智能系统通常使用大量数据。数据越多，风险就越大，尤其是这些数据包含敏感信息的时候，例如，一个人的实际位置或财务信息等。每个数据集可能有不同的用户、权限和外部访问要求。例如，客户可以访问实验数据集查看结果，但不能查看测试集，以防他们对测试造成干扰。在客户的数据受到严格的隐私规定约束的情况下，实验数据可能完全是合成的，比如医疗数据。当生产数据需要包含在客户使用环境中时，可能会被完全混淆，这时就需要能够在客户使用环境或系统上运行的自包含模型，例如，使用隐私保护加密。访问权限管理通常是一个不确定的考虑因素，关系到内部和外部利益相关者现有的权限。

智能系统需要大量来自摄像头等传感器的数据，其中的每一个传感器都是黑客攻击的潜在目标。通过联网的摄像头、门铃或者牙刷访问数据库，是黑客可以而且将要做的事情。对这些传感器上运行的软件进行建模时，人工智能优先公司必须了解安全缺陷，及时对每个传感器进行更新。

传感器

建造从传感器获取数据的智能系统时，人工智能优先公司可能需要一个单独的工程和现场操作团队。将传感器从制造商那里运到客户手中是一项物流挑战，而安装也涉及很多工作，比如搭架、布线，以及将其连接到互联网上等。布设传感器会遇到环境挑战，比如让热传感器在寒冷的环境中工作，此外，传感器有时还需要防盗。每组传感器都有特定的传感器类型及其使用环境，这为传感器组管理带来了困难。在交易定价时，将这些实施成本与硬件费用分开进行预算是至关重要的。

服务

软件应用往往涉及高度专业化的服务。这些服务由通常被称为系统集成商（Systems Integrators，SIs）和独立软件供应商（Independent Software Vendors，ISV）的第三方供应商提供。当在内部解决这个问题既不经济，也不具有战略意义时，可以考虑邀请第三方参与。对人工智能优先公司来说，与系统集成商合作可能受益最大，因为集成软件的工作与集成客户数据和训练模型的工作是分开的。例如，在预测送货卡车的放置以便为下一批货物做好准备时，所需的数据可能位于旧版企业资源规划（Enterprise Resource Planning，ERP）中，比如思爱普等。因此，最好与思爱普特定的系统集成商合作来获取数据，而不是通过阅读大量思爱普文档来学习如何获取数据。

当工程实施需要安装和硬件维护时，系统集成商应该是最佳人选。专做硬件的系统集成商会与制造商合作共同安装和维护传感器。他们知道如何把它们连接在一起，如何连接到互联网，以及如何将数据导入数据库。他们的经验和专业关系通常能够使安装过程更加顺畅，问题解决得更快，为客户提供更多可用库存以备不时之需。

人员配备

人工智能优先产品的实施团队可能包括一个数据校验员（检查数据是否高质量）或数据工程师（数据清洗）、数据科学家（运行实验）和机器学习工程师（将其转化为模型）。此外，还有产品经理、应用程序开发人员、开发运营工程师，及其法定权利。

将结果与客户沟通可能需要单独聘用一个团队，因为他们擅长解释模型输出，并将其展示给客户，在试点阶段激发客户的热情，确保产品的采购量。这些人通常具有咨询或其他专业服务的背景，以及良好的数据科学基础。聘请团队定期制作演示文稿并向客户展示，可以提高人工智能优先产品的最终接受度。

接受度

人工智能优先产品可能会遇到技术和管理规定两方面的挑战，它们与现有系统的集成度可能很高，其变化对于决策过程可能影响巨大。以下是按照时间顺序排列的、可以提高人工智能优先产品客户接受度的做法。

技术

- **确保它管用**。期望会在某个时候与现实发生冲突，而最终的结果不是接受就是拒绝。满足客户对人工智能优先产品的期望是一件很困难的事情，因为这种产品的承诺是对现实世界中即将发生的事情的预测。而软件产品则有所不同，它们仅提供客户要求提供的功能。第一步是调查模型可用的数据。是否有一个便捷的基于人工智能的客户问题解决方案？

- **不要因为数据清洗而分心**。对数据进行组织，将它们集中在一个地方——干净、标记完整的，并以经济高效的方式存储——是一个巨大的、永久性的难题。客户在组织数据的过程中会处于不同的阶段，而人工智能优先产品可能是数据组织项目的催化剂。这可能符合每个人的长期利益，因为有组织的数据可以让人工智能实验进行得更快、更好，也更廉价，当然还有很多别的好处。然而，在长期利益与短期挑战——接受度——之间取得平衡才是当务之急。只需手动提取必要的数据，而无须启动长达一年的数据库项目，就可以将人工智能优先产品交到客户手里。开发单一项目可能成本很高，但总比从来没有完成项目要好。

● **制定一个现实的时间表**。客户会同时应对多个项目，所以需要高效地安排时间。为他们提供一个现实的路线图，使其能够优先考虑实施产品所需的时间。如果没有这样的路线图，就会出现一种风险，即概念证明（Proof of Concept，POC）将导致另一个计划外的概念证明，以证明一些出乎意料的东西，降低人们对产品的热情。采购订单或另一个概念证明请求可能会被拒绝。创建该路线图，并将其分发给所有利益相关者，让实施具有了现实的可能性。

● **定期重新训练**。根据新数据重新对模型进行训练，然后快速部署，可以建立一个积极的反馈循环，让客户看到模型对他们输入的数据所做出的响应，从而鼓励其输入更多的数据。

● **快速开发功能。** 和软件开发一样，对客户反馈进行快速迭代，会产生更多的反馈，同时建立信心。

管理规定——采购阶段

● **增强，不要自动化。** 一定要将该产品定位为增强人类专家能力的产品，以消除他们被人工智能取代的恐惧。

● **重视收入而不是成本。** 人工智能优先产品能够为客户省钱，他们当然会很高兴。然而，比省钱更令人兴奋的是赚钱。想出一些办法，让人工智能优先产品可以从新的机会中创造收益，激发客户对产品的热情，提高投资回报率。

● **创建部门级投资回报率。** 为每个业务部门创建投资回报率计算方式。最终，在公司层面为客户的投资提供回报。

● **确保足够的预算。** 确保客户的预算覆盖项目实施的所有辅助成本，从数据标注到购买传感器等。例如，客户负担不起大量摄像头的费用，可能意味着永远无法获得训练图像识别模型所需的数据。

- **制定激励措施。**与客户一起为关键利益相关者制定激励措施，确保项目成功实施。这些激励措施可以是客户一方的，例如，完成项目实施阶段性目标的现金奖励。激励措施还可以与共享目标相关联，例如达到一定的准确度，也可以获得奖励。

- **实行问责制。**与客户共同确保实施过程中最核心的人员——数据工程师和集成工程师——对完成任务负责。

管理规定——概念证明阶段

- **缩短实现价值的时间。**尽快显示结果。这样做可以消除人们的质疑，比如，该系统是否有效，是否只是理论研究而没有实际效果，项目是否会一再拖延，以及无法与其他系统整合等。

- **为客户而建。**做出购买决定的人和使用该产品的人并不总是同一个人。为买家构建产品增强功能，如报告或者管理仪表盘，有助于完成销售目标。

- **参与实验。**定期更新关键利益相关客户，通过建立对产品的信任和理解来提高产品接受度。定期举办会议，解释假设并展示实验结果，提高客户的参与度。这些会议可能会帮助客户从概率学的角度理解预测的发展过程，并对假设提出反馈。

管理规定——执行阶段

- **尽早广泛分销**。接受人工智能优先产品可能是一个自我
  实现的预言：让更多的人使用该产品会带来更多的反馈
  数据，从而可以对其进行改进，并说服更多的人使用
  它。因此，如果人工智能优先产品能够尽快地在管理链
  上垂直分布，并在每个业务单元中水平分布，那么它就
  可以表现得最好。然而，将人工智能优先产品交给一个跨
  业务部门横向工作的单一分析团队时，其接受度就会下
  降，因为横向团队没有能力让产品被采纳，没有能力通过
  培训有效地传递知识，也没有动力在每个业务部门完成实
  施。与客户合作，将产品垂直分发到每个业务部门，可能
  需要与他们合作建立一个新的组织结构，或者吸引一位高
  层管理人员来推动该产品在整个组织中的采用。

- **提供高管教育**。管理就是提供方向，好的方向需要对手
  头的任务有详细的了解。向客户的执行和管理团队传授
  人工智能优先产品背后的技术，熟练掌握术语，并对模
  型的功能有一个基本的了解，确保高管们具备向组织内
  的实施团队提供具体指导的能力。为此，可以向客户提

供材料进行自我教育，也可以聘请外部教育机构或者咨询公司来进行培训。

- **嵌入可解释性。**让客户熟悉人工智能做出特定预测的功能，不仅能够培养信任，而且可以让他们了解如何对给出错误预测的基础模型进行改进。

- **追踪使用情况。**对使用情况进行追踪，确保客户在使用产品。这种做法在软件产品中很常见，但当产品的使用方式不像点击网站上的按钮那么简单时，它往往会被忽视。人工智能优先产品可能需要通过调用应用程序编程接口、读取数据库数据、标记或其他新方法对使用情况进行追踪。

这些实践解决了模型在生产之前、期间和之后的技术和社会层面的认可问题。追求什么，什么时候追求，取决于每个阶段的认可度。

机器学习管理回路

客户希望模型准确且不会损坏。这意味着模型需要快速可靠地从现实世界的数据中学习。手动监控系统的工作速度不是很快，因此，我们需要一个连续的、自动的模型管理系统，就像本章提出的那样：从运行模型中获取观测结果和误差，然后找出保持模型运行、提高精度和减少误差所需的方法。机器学习管理回路如图6-2所示。

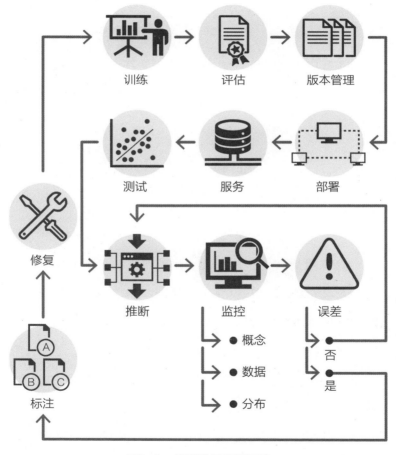

图6-2 机器学习管理回路

该系统允许对真实数据进行连续整合。让我们浏览一下这个系统的各个部分：训练、版本管理、部署、服务、测试和监控。评估步骤将在第七章"回路测量"中介绍。

训练

该步骤位于评估和部署之前，模型会在该步骤中被重新构建。在训练阶段进行监控的要点是分离数据集。图6-3示意了训练与评估。

训练　　　评估

图6-3　训练与评估

在这一时间点上，数据集被分为训练集、测试集和验证集。分离测试数据可以避免影响模型的功能，而采用与训练集相同的数据测试模型，可以保证每次都有完美的结果。

当模型投入生产时，它开始学习和改变，所以，在投入生产之前，留出一组数据用于对照用户、客户、生产线或其他需要衡量的东西。这样做有利于之后将受人工智能影响的指标和不受人工智能影响的指标进行对比。对照数据是使用遗留系统的一组完全独立的实体，并且被隔离，因此根本不与人工智能发生交互。这在纯软件产品中很容易做到，但人工智能通过执行器、机器人或其他物理设备与现实世界进行交互，就要困难得多。纯软件产品通常具有标记功能，以便为不同的用户群体提供不同的功能，而硬件产品可能需要在没有特定执行器的情况下，设置系统的单独物理显示。创建对照组的附带好处是，它为客户提供了一个很好的比较基础，从而决定是否对人工智能进行投资。

此外，每个训练步骤的输出都向客户展示了训练可以使模型对输出有效性做出反应。客户们不仅可以判断模型的预测结果是否有意义，或许还可以根据他们的经验提供更多关于预测功能的想法。例如，他们已经看到，每次下雨时，司机们更喜欢在路线上的每一站等更长的时间，延长送货时间。这可能会使你将天气数据纳入模型，并基于这些数据对模型进行训练，看看客户观察到的相关性在统计学上是否存在。如果是这样的话，你可以把天气作为交货时间的预测特征。在训练阶段分享模型的结果，类似于在开发软件应用程序时为客户提供模拟界面。

版本管理

图6-4示意了版本管理。

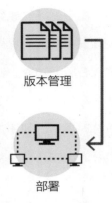

图6-4　版本管理

保留模型的版本为改进提供了基础，如果新模型不太好，那就启用旧模型。模型版本管理的挑战在于它需要与训练数据一起进行管理，因为模型与数据的交互产生了输出。数据指的是值和存储这些值的模式（所有值的共有形式），代码根据该模式调用数据库中的对象。

我们还有显示输出和运行计算基础设施的软件代码。所以，我们有模型代码、数据值、数据模式和软件代码。从四个维度进行版本管理会产生许多排列组合。保持一个维度相对恒定会使版本回顾变得更加容易。

模型版本管理相对简单，因为有现成的方法可以对计算机代码进行版本转换。然而，考虑到一些模型是在非常大的数据集上训练的，所以数据的版本管理就不那么简单了。我们不能使用代码版本管理工具来跟踪数据集的版本，因为它们不能处理大型无序的数据集。我们也不可能在每个节点及时存储每个数据集，因为这样做成本太高。我们不考虑对模式进行版本管理，而是利用值来对其进行推断。具有元数据管理、相似性建模和自动创建数据目录等功能的数据基础架构，使这个推断过程更加可靠。对数据进行版本控制很困难，因此，我们更倾向于第一步先将模型背后的代码版本化，对模型进行适当版本管理和向数据库添加元数据之后，再考虑进行数据版本管理。数据版本管理工具在某个时间点及时压缩和标记数据集，然后将它们存储起来。

重现性

版本管理的一个目标是重现性。对代码和模型、数据包、工具和其他依赖项的跟踪更改，可以使其他人进行复制性工作。重现性对于训练和评估都很重要，但极具挑战性，尤其是在训练阶段，而且，在使用深度学习时也非常难以处理。在很多情况下，重现性都很重要——从学术界到受监管的行业。在这些行业中，客户可能不得不复制并解释模型的输出。

部署

图6-5示意了部署。

服务　　　　部署

图6-5　部署

有很多方法能够部署以及向客户提供预测，从打印报告开始，在他们做决定时增强其能力和信心。我们可以按照客户的思路，满足他们的要求。

- **报告**：以报告的形式呈现预测及解释。
- **电子表格**：提供预测和一些关键变量操作或更改电子表格中基础数据的方法。这可能只适用于由程序中可用的函数组成的简单模型，比如Excel。
- **仪表盘**：在基于网络的自动更新仪表盘中提供预测。
- **模板**：在基于网络的自动更新仪表盘中提供预测，并允许客户使用表单操作关键变量或上传新数据。
- **集成**：将预测提供给另一个应用程序，例如CRM或ERP，并在模型和应用程序之间建立一条双向数据管道，以确保预测保持最新。

- **应用**：在应用程序中提供预测，并允许客户操作关键变量，或使用应用程序中的按钮上传新数据。

- **应用程序编程接口**：通过该接口提供对预测的访问，并允许客户通过该接口提供反馈数据或上传新数据。

- **增强**：通过硬件（如可穿戴计算机）提供场景预测，该计算机通过眼镜、手表或投影到附近物体表面，在用户的视野中提供预测。

测试

图6-6示意了测试。

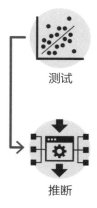

图6-6　测试

测试模型不如测试软件那么具有确定性。验证模型是为了弄清楚模型的输出在物理环境中是否有意义，而验证代码的目的是确保其将能够在虚拟（计算）环境中运行。测试模型包括检查假设、敏感性和数据采样，以确认它们与真实世界相符。

上面这一切可以通过自动测试和手动测试来完成。基于规则的自动化测试采用脚本的形式，针对模型的输出进行测试：例如，猫永远不会是紫色的，可乐瓶永远不会是黄色的。自动控制组测试的形式是，使用代表"基本事实"的数据集检查模型的输出，并查看模型的预测与它的偏差有多大。手动的、人工操作的测试采取的形式是根据手动采样数据、个人观察以及常识来检查输出。输出是否正确由分析师进行判断。随着时间的推移，理想的做法是增加自动化测试覆盖率和减少手动工作，但这取决于模型操作环境的动态性，以及可以在多大程度上利用相对简单的机制对数据进行分解和解释，从而使机器更容易理解。

大多数测试过程的第一步通常需要检查输出，看看它是否具有统计意义。制造商使用统计过程控制来管理产品质量。统计过程控制（Statistical Process Control，SPC）可以帮助管理数据质量，方法是在模型输出中发现异常结果，然后追踪数据的基本分布变化，但这在使用深度学习时非常困难。如果模型训练用的数据分布与现实世界中观察到的分布不同，那就返回并访问更好的数据，重新训练模型，并将其重新部署到现实世界中。

测试过程的中间步骤与建模有关。根据预测可用性阈值，尝试更改模型的参数、超参数、功能、容量（数据）和训练次数（训练时间段设置）。此时，建立特征和标签之间的相关性表（也称为混淆矩阵）可能会有所帮助。可以将其视为一个"热图"，有助于人们关注模型需要改进的领域：浅色框。x轴（每一列）代表预测标签，然后检索带有该标签（预测标签）的模型生成的示例，以理解为什么它们可能与y轴（每一行）代表的真实标签产生微弱的相关性。重复使用相同的指标，尝试提高性能。理想情况下，从左上角到右下角会有一条100%的相关性线。混淆矩阵如图6-7所示。

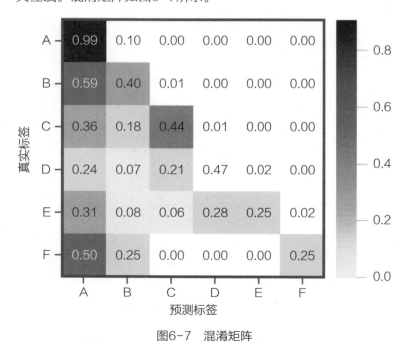

图6-7　混淆矩阵

大多数测试过程的最后一步是集成测试：确保模型代码在客户的计算环境中正确执行，以及在选定的基础设施上正确执行，并作为部署所有软件代码（而不仅仅是模型代码）的过程的一部分。这一重要步骤在这里不作介绍，我相信你能找到工具和最佳实践对软件代码进行测试。

监控

导致模型性能出现问题的原因很多，从对数据库来说训练量太大，到对可用计算机内存来说模型太大，到输入验证错误，再到影响大量预测误差的大数定律。图6-8示意了监控。

图6-8　监控

生产监控确保了模型的质量和可靠性。质量与性能有关；可靠性与准确度和稳定性有关。在质量方面，性能问题与部署有关：代码和基础设施的质量。许多最佳实践来自软件工程，都超出了本书的范围。我们重点关注一下部署的可靠性、准确度和稳定性。

准确度

准确度、相关性和损失等统计和定量测量，对于监控生产中的模型非常有用。语义和定性测量，包括客户是否接受模型的输出，或者是否提供口头反馈，也很有用。两者结合可以显示模型是否提供了必要的预测质量。模型质量的统计和语义测量反映在模型漂移和偏差的概念中。

稳定性

漂移是指事物偏离了现实。模型脱离现实的方式有几种：

● 概念漂移是指预测背后的概念因为实际情况的变化而发生的改变。比如说，你认为需要对司机是否会在下午五点之前到达进行预测，以确保客户能够收到他们的货物，但实际上，你需要预测的是将货物放在客户房子的前廊里是否有被盗的风险。

● 数据漂移指的是预测的基本分布发生了很大的变化，致使其无法代表真实世界。例如：你认为客户全年都会购买电池，但事实证明，他们倾向于在极端天气事件后购买电池。当数据不再可用或格式不正确时，也会发生数据漂移，就像因为开发人员切断了你与应用程序编程接口的连接而丢失位置数据源一样。

解决漂移的方法取决于漂移的类型。概念漂移需要重塑模型的功能，然后再训练，而数据漂移则需要跟踪新数据，然后重新进行训练。重做模型、收集新数据和重新训练的成本巨大，仔细测量漂移有助于你就是否承担这些成本做出明智的决定。

用模型性能、数据质量和产品功效指标检测漂移，可以揭示可靠性低的根源。我们将在第七章"回路测量"中阐述模型性能指标，包括预测准确度方面的指标，例如F1分数。数据质量指标还包括标签覆盖率。产品功效指标可以揭示真正的客户投资回报率，比如生产线的故障率。这些指标之间的相互作用也很重要：如果数据分布发生变化，但预测仍然是准确的，这只是意味着你运气好。

确保这些指标基准准确度的一种方法与模型训练阶段的方法类似：保留一个对照组，提供有关模型性能的基本事实数据。

鉴于世界在逐渐或突然地，有规律或无规律地发生变化，定期测量模型漂移势在必行。只有当我们收到随时间推移的指标时，才能衡量渐进的变化；只有当我们获得近乎真实的指标时，才能衡量突然的变化；只有当我们在相同的时间间隔（例如每个季节）积累指标时，才能衡量规律性的变化。

偏见

机器学习中的偏见问题既是伦理问题，又是技术问题。我们这里讨论的是技术偏见，并对机器偏见管理进行综述。我认为管理机器偏见与我们管理人类偏见的方式相同：有严格的约束。要对模型可以预测什么、谁能使用这些预测设置约束；在设计系统时，要对反馈数据、预测用途，以及更多需要付出的努力设置限制，同时还要设置适当的提醒。另外，为训练数据设定标准可以增加其广泛输入的可能性。与模型设计师交谈是理解其方法中是否存在固有偏见风险的最佳方式。在设置这些约束后，要考虑使用诸如关闭或报警等自动操作。

数据质量

数据质量流程可以确保模型获得所需的数据。数据管道可能有很多部分，每个部分都可能会出现问题，导致模型或位于模型上层的某个部件（如仪表盘）出现故障。市场上有一些聚焦数据质量的产品，一些数据供应商会提供数据质量指标。以下是一些数据质量监控产品可以监控的内容：

- **缺失来源**。第三方和内部数据源有时会出现故障、被切断或者关闭。

- **缺少值**。模型中的函数有一定的变量，并从数据库中获取填充这些变量的值。当数据库发生变化，但从该数据库调用值的函数没有变化时，函数将无法找到值，模型将会崩溃。例如：函数会查找不存在的表名或已删除的值。

- **不完整数据**。有时，一个函数需要大量数据，但执行时并不需要所有的数据。当没有得到所需的数据时，它可能仍然会执行，但会产生糟糕的预测。了解缺失的数据，可能有助于我们找出不准确预测的根源。这与需要值缺少的情况不同，当缺少用于运算的值时，函数将根本不执行。

- **缺少标签**。人工数据标注员可能无法正确标记模型所需的数据点。数据可能被标注了，但不是以特别的描述方式：例如，将穿过街道的人标记为"人"，而不是"跳到车前的人"。模型可能会从错误的标签中进行学习，但随着时间的推移，可能就会出现问题。数据质量流程可以对标签进行检查，以确保其对模型有用。这是应对不完整数据的一个方法。

- **数据分布漂移**。这是数据质量监控中更细微、更高级的部分。有关数据质量流程和产品的漂移，可以使用统计过程控制和其他监控数据分布的方法进行测量。

- **扰动**。通过故意修改数据来预防数据质量问题，以查看它是否会进一步导致数据管道出现问题。

返工

机器学习管理回路的最后一步是根据监控结果进行调整。图6-9示意了返工。

图6-9 返工

有时，调整是必要的，因为世界总是在变化。在更具确定性的系统中，如机器人化的工厂生产线，可能不需要这样做，但调整从来都不是零——改变是必然的。因此，有必要了解调整模型的方法，从什么都不做到重建整个系统。

- **什么都不做**。模型保持不变，事实上，应该保持不变，因为它的目标是让系统回到确定性状态，比如基于规则的系统会始终将包含高度攻击性内容的电子邮件过滤为垃圾邮件，即使用户将其标记为"非垃圾邮件"也不行。

- **提出问题**。询问客户对准确度、数据或效力变化的理解，可能会产生有价值的调整意见。

- **添加数据**。直接从客户和标注员那里或者通过合成方法获取更多数据，以发现边缘用例。将后一种方法融合到模型管理回路中，甚至可以自动修复由于缺乏数据而漂移或损坏的模型。

- **再训练**。当基础数据是季节性的或者有已经过时的嫌疑，而且训练成本足够低时，就可以定期根据新数据重新对模型进行训练。

- **再修复**。如果基础分布并非因为现实的改变而发生变化时，那么，数据收集可能会出现问题，需要进行纠正，使得数据更像是正态分布或者现实的反映。例如，你一开始看到的结果是，人们只在外面非常热的时候才会进入商店，但后来才意识到，测量进入商店人数的数据传感器在天气寒冷时不起作用。

- **再权衡**。当基本分布的变化频率低于人们认为的代表现实所需的频率时，人们更改模型以支持更新的数据。这与周期性整修不同，因为它没有将数据重新调整到不同的分布，只是改变了权重。围绕数据设置时间窗口——例如，相关行业所谓的"季节"——使得模型只根据特定时间段的数据进行训练。

- **重做**。这可能意味着更改模型的预测功能或者添加功能。这让我们回到了关于预测什么的问题上来，运行数据科学实验以确定要开发哪些功能，对新模型进行回溯测试，并决定是否将它们投入使用。

如果每次运行机器学习管理回路时你都是手动执行这些操作，那么你以后就选择自动执行上述操作。模型管理和自动机器学习系统，通常会通过持续地再训练进行自动调整。

重新部署

重新部署经过再训练、再修复、再权衡或者重做的模型，是机器学习管理回路的最后一步。将模型重新部署到部分或所有客户，添加短期测试以确保新模型不会马上失效，然后定期进行测试。如何以及何时重新部署模型是一件很重要的事情，因为它可能成本高昂，影响系统未来的评估。

反思

在运行一个或几个机器学习管理回路之后，后退一步进行反思，可以发现更好的方法来测量系统，并在将来节省时间和金钱。

首先，要测量或记录的是模型中发生了什么变化，何时发生以及为什么发生。其次，是重新审视用于验证模型的数据集。除非对模型进行大规模更改，否则数据集应该不会发生改变，因为验证集的最初目的是为模型提供基准。再次，是否改变覆盖模型性能、概念漂移和数据漂移的任何核心测量方法。最后，询问客户新模型是否改变了他们对投资回报率的看法。

更改数据管道可能会避免未来出现相似类型和程度的模型、概念和数据漂移。通过数据标注，系统地收集新数据或者反馈数据，可以在数据管道崩溃时保持模型正常工作。如果由于数据质量低劣而出现漂移，那就实施更好的数据治理政策。可以考虑通过频繁地更新一些或者所有数据管道来更新数据。

清单

这里有一个清单，除了质量（性能）和可靠性（准确度）的测量之外，还包含了该系统监控的所有内容。

```
□ 模型
    □ 质量指标
        □ 准确度
        □ 相关性
        □ 可靠性
        □ 性能

    □ 控制组
        □ 与之前控制组对比
        □ 为此模型创建一个新的控制组

    □ 投资回报率
        □ 客户的投资回报率定量计算
        □ 客户对新模型的其他反馈

□ 数据
    □ 可靠性指标
        □ 模型
        □ 概念
        □ 数据

    □ 治理变化
        □ 提高标注合规性
        □ 改进元数据管理
        □ 执行标准

    □ 数据管道变化
        □ 删除故障点
        □ 修改劣质数据源
        □ 添加优质数据源
```

○ ○ 本章结论：机器学习模型优化 ○ ○

让机器学习模型每天踏实地工作是相当困难的。就像我们现在管理尚未构建的软件一样，管理这些模型还需要很多工具。我看到的大多数公司都在创造自己的流程和工具，但我希望在接下来的几年里，随着生态系统的发展，人工智能优先公司的这一部分建造工作将变得更加容易。在认识了本章介绍的理想化的机器学习管理回路之后，也许你心里已经有了某种产品的规划。

人工智能优先产品的成功实施需要考虑许多新的因素，但你不必一次就把它们全部解决掉；你可以从本章中建议的系统的某一部分开始，并取得成功。对人工智能优先产品实施之后的管理，包括开发用于训练、版本控制、部署、测试和监控的自动化系统。随着时间的推移，不断总结运行该系统的经验教训会使模型变得更好。然而，还有很多事情需要考虑：请记住，我们最终建立的是一种学习效应，这样我们就能够以多种方式整合经验教训，一点一点学习。你不必像推出软件产品那样把每件事都做到完美；你只需要管理客户的期望，不断改进预测。

● ○ ● **本章要点** ● ○ ●

◆ **让模型贴近现实**。智能系统功能强大，因为它们不断地适应、进化和产生新的数据，但你要知道，它们可能会与现实不符。不断地获得反馈可以使模型处于受控状态。

◆ **取得平衡**。理想的模型管理系统允许分散实验、对模型进行严格测试，并在真实数据中进行监控。

◆ **不要淹没在数据湖中**。确定必要的数据，引领数据访问团队，并积极管理与数据相关的供应商选择，以便快速让人工智能优先产品投入使用。

◆ **为每个数据集设置安全参数**。实验、测试和生产需要不同级别的安全性。受监管的行业客户可能需要在不接触数据的情况下在特定场所运行模型。

◆ **传感器安装外包**。传感器的安装和管理面临着严峻的后勤、工业设计、信息技术和环境的挑战。可以将其外包给跟传感器制造商合作的系统集成商。

◆ **沟通以确保顺利实施**。数据验证师和工程师会清除客户数据中的不当数据。数据翻译器可以呈现早期结果。两者都可以确保顺利实施和最终实现人工智能优先产品的验收。

◆ **让客户参与模型训练**。在每个培训步骤中展示输出可以让客户产生常识反馈和对新功能的想法。

◆ **客户需要模型不仅在实验室准确，而且在真实世界中也要准确**。快速整合现实世界的数据，让模型自动从这些数据中学习。

◆ **提高人工智能接受度是一个可以战胜的挑战**。公司应尽早广泛发布，同时确保人工智能有效运行，缩短价值实现时间，创建一个现实的路线图，提高实验参与度，提供高管教育，定期再训练，快速构建功能，手动增强（不要自动化），嵌入可解释性，适时激励，实行问责制，适当放大预算，评估使用情况，设定业务部门级别的投资回报率，并专注于实现收入（而不是降低成本）。

◆ **模型管理不是代码管理**。模型管理需要同时管理数据和代码，而不仅仅是代码。

◆ **在对数据进行版本管理之前，先对代码进行版本管理，并对元数据进行管理**。对数据进行版本管理既困难又成本高昂。要首先关注模型代码的版本管理。

◆ **版本管理的目标是重现性**。重现性在学术领域和受监管的行业尤为重要。添加软件包、编码工具和其他依赖项，可能会增强其他人将结果复制到版本管理系统的能力。

◆ **将训练、测试和生产数据分开**。对训练数据的测试总是能够得到满分。维持控制组可以让模型保持诚实。

◆ **以客户喜欢的形式展示预测**。形式可以是报表、电子表格、仪表盘、模板，或者作为独立的应用程序，通过应用程序编程接口，可以集成到另一个软件产品或者一块硬件中。

◆ **测量**。数据质量使用统计方法测量，模型质量使用准确度进行测量，而相关性则使用混淆矩阵测量。不要忘记检查代码是否与现有软件一起运行。

◆ **注意漂移**。无论是概念还是数据，都不要让预测与现实距离太远。

◆ **设置严格限制以处理偏见**。限制模型可以输出的内容、控制访问、限制反馈数据，并让所有利益相关者都清楚地了解预测的可接受用途。

◆ **给模型提供所需数据**。持续监视数据是否缺少来源、值和标签。在质量问题产生破坏之前，主动干扰数据以查找质量问题。

◆ **世界在变，模型也会变**。重新训练、修复、再权衡、重做和重新部署。以后请使用机器学习自动完成这些操作。

THE AI-FIRST
COMPANY

第七章

回路测量

　　这本书关注的是如何建立一家永续经营的公司。人工智能优先公司投入资源开发数据学习效应，获得复合优势，保护自己免受竞争的威胁。这一章我们将回到起点，讨论一下如何使用正确的方法构建一家既具有可持续竞争优势又能够赢利的公司。我们已经对数据学习效应进行了定义，现在还需要制定一些对其进行测试的指标。

　　这一章的主要观点是，数据学习效应是一种动态的环状运动，但其运动方式与护城河不同。它们可以被视为回路，是选择合适的产品、衡量竞争优势、评估风险，以及赢利的基础。这是一个指南，当回路崩溃时，可以用它点亮整个回路，并对其有更好的理解。

　　我们从定义回路开始，思考它们运动的本质，并将其与老掉牙的护城河概念进行比较。然后，我们根据解决特定问题的回报、让人工智能工作所需的数据，以及人工智能漂移的可能性，提供一些方法来选择正确的问题，使用人工智能加以解决。概念论述完之后，我们用两节的篇幅讨论技术问题。其中一节介绍测量机器学习模型准确度的常用方法，另一节则探讨一种建立人工智能优先公司各种成本的计算方法。

回路

这本书首先对数据学习效应进行了定义。我们给这个定义添加点动力来描述一下数据学习效应的运动特性：环状运动。

记住，数据学习效应有三个组成部分。

1. 输入：访问独特的数据。
2. 处理：处理数据的能力。
3. 网络：针对经过处理的数据进行学习的模型。

前两部分可以有自己的内部回路，例如，机器人环游世界收集数据，或使用机器学习技术处理数据。然而，只有在前两部分完成，并且模型创造了一个数据网络效应之后，数据网络效应的更高级别回路才会开始，从而完成构建数据网络效应的整个过程。

这些回路是自我强化的，功能十分强大，因为它们能够持续生成自己的数据，为预测提供服务，并从观测中收集新数据。这就是数据网络效应的力量，数据学习效应因此具有了自持性，而且成长迅速。

重复性是回路运动固有特征；回路不停地循环往复。如果不重复，竞争优势就不会复合。数据学习回路与每一批反馈数据一起循环。每次循环都会生成一个预测，顾客会将其带入真实世界，并对其产生影响。然后，模型完成一些学习，生成新的预测。回路叠加如图7-1所示。

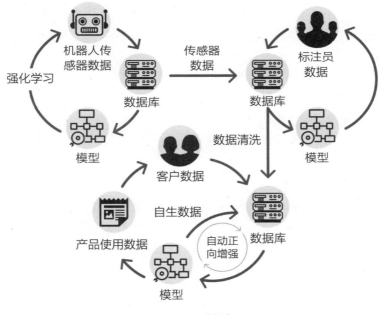

图7-1　回路叠加

例如，人工智能优先产品会产生一个预测：15分钟之后，超市的货架上的意大利面就要断货，所以它会提醒售货员，午饭后去查看一下货架。该售货员核查后确认了这一预测：货架上已经没有意大利面了。于是，他在自己的应用程序中做了一个记录，然后重新补货。监视货架的摄像机看到的情况是：一开始货架上有意大利面，然后就没有了，最后意大利面又出现了。人工智能从摄像头和应用程序以及售货员的笔记中接收信息，得知预测准确无误，之所以货架上又有了意大利面，是因为售货员补了货。这证明该回路最后阶段的运行是正常的，这增加了下一次预测的信心，下一次可能会提前几个小时，就把预测传给售货员。这样一来，补货时间就会从几小时缩短到几分钟。

回路的物理学特征

回路背后有一套迷人的物理学原理。它们还可以被抽象地视为某种引擎：一开始是蒸汽引擎，然后是数据引擎。

（1）两种东西必须相互作用，才能产生另一种东西。你想想锅炉里的水沸腾后产生蒸汽，从而产生热量就明白了。

（2）必须有两种以上的东西相互作用，否则能量就会消散。如果不转化为运动，燃烧燃料产生的蒸汽就毫无用途。在进行到下一步之前，需要另外两个有点像镇流器一样的东西可以控制输入和输出。你想想蒸汽引擎中的气缸和活塞就知道了。

（3）这几样东西需要协调一致行动，才不会产生太激烈的反应，也不会消耗过多的能量。所产生的蒸汽刚好充满气缸，活塞刚好能够推动曲柄运动。

（4）有一个处于中间的、有点神奇的步骤——熵：在一段时间内，移动的物体不能转化为能量，因为它们正在形成其他的东西。这种情况发生在曲柄几乎停止的时候……然后，当形成临界蒸汽量时，曲柄再次运动。

（5）它们必须在现实世界中有所作为。活塞推动曲柄（曲柄通常还会推动其他物体）。

（6）它们必须回到最初的状态才能重新开始。每次推动曲柄运动之后，活塞都会回到初始位置。

现在让我们将上面的例子套入数据学习回路看一看。

（1）数据与模型反应生成预测。

（2）模型向人们输出预测，但是，在将其应用于现实世界之前，人们会对这些预测进行处理。所以，这四个因素是数据（燃料）、模型（空气），依据预测（气缸和活塞）行事的人，以及行为对象（曲柄）。

（3）数据、模型和人的行动是一致的，主要的原因是没有什么比人行动得更快。

（4）熵发生在人类思考（气缸）以及他的行为在现实世界中产生影响（曲柄转动）时。

（5）人们根据预测行事，其行为是可以观察的。

（6）观察就是数据，模型可以从中进行学习，生成新的预测，然后开始下一个回路。

在理想情况下，所有这一切都能够高效运行，不会消耗能量，浪费输入。就汽车发动机而言，输入指的就是汽油。对于人工智能优先产品而言，输入指的则是数据、工程师的时间和客户的关注。

以这种方式进行思考有助于我们对好回路和坏回路做出区分。好回路有充足的输入而且熵会不断增加。充足的输入意味着更多的数据。不断增加的熵可以让人类利用预测做很多事情，而且在现实世界中可以产生和模型预测一样的效果。当人们提供大量反馈时，熵也会增加。通过观察现实世界中的所有影响，消化反馈，并将其进行整合再次启动回路，模型最终解决了无序的问题。否则，除了传感器的大量无用输出或人工反馈之外，什么都没有。这只是一个抽象的类比，可能有助于我们认识回路的运行方式。我们现在再来谈谈护城河，这是一个不同的比喻，但回路概念却是由此产生的。

护城河与回路

传统意义上，城堡周围的护城河被认为是一种竞争优势。然而，护城河是一个静态的概念。一旦建成，它的大小可能会增加或减少，使敌人更难或更容易攻入城堡，但它不会自动变深。护城河如图7-2所示。

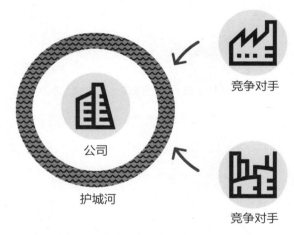

竞争对手

公司

护城河

竞争对手

图7-2　护城河

问题是商业世界是动态的，竞争力量会发生变化，护城河也会改变形状。

护城河的比喻不适用于数据学习效应。当独特的数据成为竞争优势的来源——相当于护城河中的水——并且由于智能系统的输出，数据以越来越快的速度自动增加时，护城河就会改变形状。而使用回路比喻应该更加合适，因为每次迭代的方向都是一样的，但规模可能会增加。图7-3展示了迭代方向一致但规模可能会增加的回路。

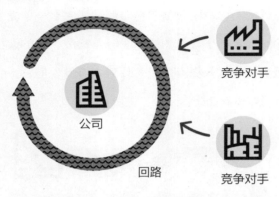

图7-3　迭代方向一致但规模可能会增加的回路

回路的面积代表了竞争优势的程度。如果还用护城河来比喻，那么回路不仅会自动改变形状，还会自动改变规模。自动改变形状以及自动改变规模的回路如图7-4所示。

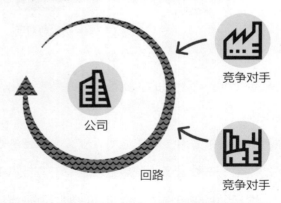

图7-4　自动改变形状以及自动改变规模的回路

数据学习回路的大小会自动增加，因为信息的价值会复合。回路中的一切都会留在回路中。数据学习回路保存所有生成的信息，并利用它们生成更多信息。

然而，如果模型不稳定，无法再学习，回路可能就会停止运行。如果有人复制了整个内容，回路也可以被取代。但是，已经运行了一段时间的回路很难被替代，因为回路的每一次运行都会添加数据，这些数据可以和下一次回路运行中收集的新数据连接在一起。

点亮正确回路

数据学习回路不仅仅是编写代码，它们还需要大量的投资，不过，这些投资都是有回报的。客户愿意投资建设数据学习回路，但他们是否会持续投资，取决于回路的表现、从循环中获得结果是否存在风险，以及回路是否会持续运转。下面的内容可以帮助你判断客户是否会参与回路，以及如何让回路循环持续下去。

产品收益

机器学习依赖于概率方法对不确定性进行建模。概率并不总是准确的，所以模型并不总是有效的。在构建机器学习产品时，要记住这一点，最大限度地满足客户的期望，同时避免在高风险情况下不加限制地使用机器学习。

回报

对产品的使用回报形状进行建模，可以判断该产品是否对客户具有价值。这些回报（收益）通常呈曲线形状——下凸曲线或者上凸曲线（如图7-5所示）。

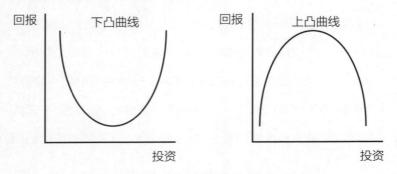

图7-5 下凸曲线回报与上凸曲线回报

下凸曲线回报表示使用产品最终会使价值增加（如图7-6所示）。也就是说，使用次数越多收益就越大。消费者应用程序就是最典型的例子：谷歌搜索几乎可以随时使用，而且每条结果都具有一定的信息价值。即使是不理想的搜索结果，也并不会带来什么伤害。下凸曲线下降的部分和价值为负的部分代表了生产初期的产品成本。

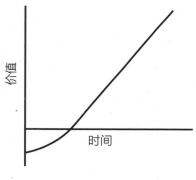

图7-6　下凸曲线回报

上凸曲线回报代表使用产品最终会使价值下降（如图7-7所示）。也就是说，使用次数越多，收益就越小。

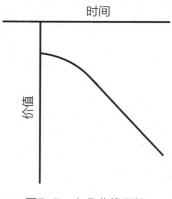

图7-7　上凸曲线回报

这里的关键词是"可能"：曲线的形状基于概率。这似乎有点抽象，但当考虑在哪里应用机器学习时，也就是说，当使用产品的预期价值超过成本时，它非常有用。我提醒一下，期望值等于回报值乘以获得回报的概率。我们还能够以互动频率的方式思考这个问题。产品的平均用户体验怎么样？如果是一次性交互，比如诊断疾病，那么"平均用户体验"中"平均"的分母是1，因此交互必须是完美的。这是一个问题，因为机器学习系统并不是100%准确的。下面是两种回报的一些例子。

下凸曲线

营销：基于人工智能的营销产品带来了新的线索。即使这些线索最终一无所获，但追逐这些线索的过程——以微不足道的代价——也可能会带来很高的收益。例如，一些公司可以识别网站的访问者，并由此生成丰富的个人资料，用作营销线索和寻找这些线索的联系方式。这种产品的低成本被获得新客户的高回报所抵消。

销售：基于人工智能的销售产品按照重要性对线索进行排序。这些工具增加了发现线索的可能性。使用这些产品的低成本再次被赢得新客户的高回报所抵消。

库存：人工智能辅助的库存管理能够识别库存水平，以便及时补充库存，从而当顾客想要买东西时，可以把他们牢牢抓住——例如，在杂货店的监控视频上运行计算机视觉算法，以识别缺货的商品，员工因此可以快速补货，客户就可以购买更多的商品。

上凸曲线

日程安排：基于人工智能的个人助理（毫无疑问）可以节省时间。然而，对于客户来说，机器计算的投资回报率有点偏颇（不平衡）。使用人工智能个人助理的收益很难计算，因为机器很难权衡用户的时间，可能带来很大损失。例如，如果日程安排机器人筹备了一些会议，那么它"完成了任务"。但是，机器人可能会重复安排，导致用户错过与重要人物的会面。这是一个代价高昂的错误，用户自然归咎于机器人。

客户服务：基于人工智能的客服机器人可以以较低的成本快速地回答问题。但是对于客户来说，机器计算的投资回报率依然有点偏颇（不平衡）。由于机器人将以最有效的方式回答问题，因此使用该机器人的综合体验会受到影响——不会有意外、喜悦，也不会与客户建立关系。然而，如果机器人只是制造更多后续问题供人们回答，或者让客户生气，那么，此类产品带来的效益可能会很低。

选择要构建的产品

产品创始人、产品经理和设计师必须仔细思考下面的问题：一个具有概率假设的系统，能否满足客户的需求，或者确定性系统是否是更好的选择。答案取决于你需要多高的正确率，以及需要多少钱。了解客户真正想要什么，并且生产一个产品来满足这种需求，往往比构建技术本身更加困难。

足够大的规模

要达到预测可用性阈值需要有足够的数据规模。第一章"数据学习效应"中的初始公式表明输出是一个数据函数：

输出=功能{数据网络效应[数据处理能力和质量（数据量）]}

这意味着输出需要数据支撑。没有足够数据来启动数据学习效应的产品将无法为客户提供足够的价值，也无法鼓励他们提供更多数据来保持数据学习效应的运行。人工智能优先公司可以通过以下方法获取足够的数据：大量接收客户数据、与补充数据的数据源合作，以及第四章"人工智能优先团队"中提到的其他策略。

并非所有数据都对回路有用

请记住，并非所有数据都会对模型的输出产生影响。一些数据用于建立模型，然后被丢弃，一些数据用作系统的输入，还有一些数据通过反馈机制被再次输入系统。在这三种数据中，只有最后一种才对模型的输出有持续的贡献。

训练用的数据在使用之后会被丢弃，因此不会累积价值。这样的数据包括三个独立的数据集：训练集、验证集和指定测试集。训练数据让机器学习具有了预测特性。验证数据用来对预测进行核验。在训练模型运行一段时间并查看其是否符合现实后，指定测试数据对训练模型生成的预测进行验证。

用于预测的输入数据会在系统中进进出出。测试集当中的验证数据可以用作输入数据。这些输入数据后来会训练出新的模型，因此是一种潜在的资产。

反馈数据会使系统发生变化，希望其能够做出更好的预测。这是专有程度最高的数据。设计产品，不断收集反馈数据；例如，询问客户预测是否正确，是纠正它还是接受它。反馈数据是专有数据，因为它是客户根据模型所做的预测采取行动之后，从实际世界中观察到的东西。竞争对手不会有这些观察结果。

规模的另一面

随着更多的数据进入回路，加之数据学习效应有效地工作，回路的每一次运行都会不断地完善。然而，正如在数据学习效应公式（两边取对数）中看到的那样，在超过某一点之后，数据的效应就会衰减。注意这个公式的最后一部分：log（数据的规模经济）。这意味着拥有更多数据带来的输出增长取决于数据的规模经济。

来自更多数据的输出增加百分比= log（数据网络效应价值）

+log（数据网络已处理数据的价值）+log（数据规模经济）

在数据规模经济非常低的情况下，很难有强大的数据学习效应，因为更多数据能使输出大幅增加。如果新入行者可以在不收集太多数据的情况下获得相同水平的输出，要么是因为数据网络效应的价值特别高，要么是数据网络处理数据的价值特别高。例如，当用于生成预测的机器学习方法对数据有效时，情况就是这样，因为它们不需要太多数据来达到预测可用性阈值。然而，如果数据规模经济非常高，则可能需要大量资本或时间来构建一个数据网络效应。这是一个挑战，也是一个建立企业防御能力的机会。

　　然而，这种防御能力在下面两种情况下可能无法持续：算法突破或者规模收益递减。新入行者利用算法上的突破，以较少的数据实现相同水平的输出，从而超越现有玩家。例如，当代机器学习的贝叶斯方法能够有效地在小数据集上生成准确的预测。规模效应也有局限性：即使有数据规模收益的初始回报，在某一点之后，数据的回报也可能会逐渐减少。更多的数据可能不会让模型得到改进；数据学习效应也可能会停止。通过记录花费在模型的改进、获取更多数据或为模型设计更多功能上的成本，来监控收益与模型改进成本的比率。一旦产品产生递减的回报，公司就会通过收集数据来解决相关问题，从而为客户提供更多价值。

使漂移最小化

　　用来训练模型的数据不再与现实世界相符时，模型就会漂移。基于高持久性数据训练的模型似乎有利于新入行者，然而，在实践中，拥有广泛部署的系统的现有玩家可能最容易访问到大量的新数据。人工智能优先公司面临的问题是，是否能够从客户或其他来源获得足够的新数据，最大限度地减少模型漂移。

与其他试图对同一系统进行建模的人相比，在一个高度动态的系统中设法达到目标，然后，获得足够多的新数据以保持这种精度，会产生一个显著的优势。即使你对交货时间有一个准确的预测，但如果没有关于包裹位置、天气、交通和其他输入的最新数据，预测时就很难保证其准确度。没有人工智能的加持，想要掌握这些系统的动态变化从而准确预测几乎是不可能的；就人工智能而言，学习曲线没有尽头，而数据学习效应至关重要。

预测时应当思考的问题

良好的预测应当有如下特征：①该预测在现实世界中使用的风险不大；②使用时产生下凸曲线回报；③利用可用数据获得预测可用性阈值；④有一些数据规模的回报。

以下列举的一些情况或许能帮助你思考。

- 风险程度有多高？如果决策不正确，会损失多少钱？如果出了问题，会有人受伤吗？

- 资源的强化作用有多大？能够帮助客户利用现有的劳动力做更多的工作，或者减少他们目前的人数吗？能够激励客户将资金投入这项活动中吗？

● 有数据来训练模型吗？有足够的资源来训练学习算法吗？

● 一个新入行者能以多快的速度达到可观的数据规模？

● 数据的回报是否在减少？模型是在不断改进，还是存在性能上限？

● 是否有足够的新的、真实的数据来阻止模型漂移？如果还没有新的数据，是否有收集这些数据的管道，或者是否需要对数据收集方法（如部署传感器）进行大量投资？

● 底层系统是否一直在变化，以至于没有新的数据就不可能建模？如果是这样，那么是否有新的专有数据可用？

数据规模回报率低、漂移可能性高的领域不可靠。一方面，新入行者可以轻松积累足够的数据，从而超越现有公司。另一方面，公司可以通过比竞争对手更快地获取新数据，并继续获取新数据来构筑护城河，以实现数据规模回报率高、漂移可能性低的效益。漂移可能性与数据规模回报率的关系见表7-1。

表7-1　漂移可能性与数据规模回报率的关系

	低漂移可能性	高漂移可能性
数据规模回报率低	需要快速获取数据	无法守护的
数据规模回报率高	可守护的	高额前期投资

模型测量

回路由底层预测模型提供动力，而这些模型的性能可以量化。机器学习中使用的一些主要指标如下所示。还有很多其他的模型，每一代模型都有自己的测量标准，但下面这些是适用于多种模型的基本指标。

准确度

准确度衡量的是在所有预测中有多少预测是正确的。要想弄清楚什么是"正确的"，需要以现实世界的真实面貌为参考，而要获取真实数据可能具有很大的挑战性。尤其当为了评估模型的准确度而必须从客户那里获得第一手数据时，更是如此，因为他们已经对预测的准确度感到不满。这就是本书提到的准确度的全部含义。通常情况下，你无须精通数学——只需要常识——但可能要懂一点统计学或微积分。

二元分类

结果往往是二元的，如真与假。然而，准确度却是用另一种方式来衡量的。现实世界里有真有假，而模型世界里则有正类和负类。现实世界只会把某些事情看成是真的（它存在/发生过），或者假的（它不存在/没有发生过）。例如，根据经过验证的真实数据，如相框中有猫或没有猫。而模型世界则会说有些东西被判断为正类，或者被判断为负类。因此，有四种可能的结果（见表7-2）。

表7-2　四种可能的结果

	真	假
正类	真正类，TP	假正类，FP
负类	真负类，TN	假负类，FN

　　模型做出正确预测时，会出现真正类和假负类；而预测不正确时，会出现真负类和假正类。下面是当结果为二元分类时准确度的测量方法。

准确度公式

$$准确度 = \frac{TP + TN}{TP + TN + FP + FN}$$

　　所谓判断是指按照事件的正负程度来判断真假。真正的二元结果不需要太多判断：根据像素的黑与白，模型输出为黑色或者白色。然而，很少有结果是真正二元的，因此，模型通常会按照百分比进行分类。比如说，模型90%确定照片中有只猫。设定一个阈值，当模型输出一个高于某个阈值的正值时——例如，高于90%时，就认为该模型的判断是正确的。

接受者操作特性曲线

接受者操作特性（Receiver Operating Characteristic，ROC）曲线显示了模型在不同阈值下的表现。

设置不同级别的阈值，并收集每个阈值的真正类率（击中率）和假正类率（虚报率），如图7-8所示。这是一条绘制在x和y轴上的曲线，y（垂直）轴为真正类率，x（水平）轴为假正类率。

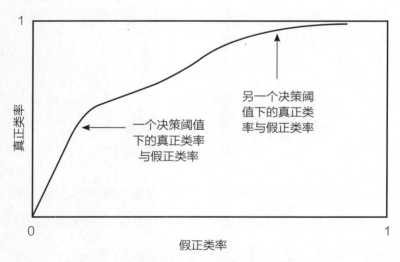

图7-8 不同的决策阈值下真正类率与假正类率

真正类率公式

$$TPR = \frac{TP}{TP + FN}$$

假正类率公式

$$FPR = \frac{FP}{FP + TN}$$

利用积分计算ROC曲线下面积（Area Under the Curve, AUC），就是阴影部分的面积（如图7-9所示）。该区域给出了模型在所有不同阈值下的总体准确度。如果模型始终是正确的，ROC曲线下面积将为1——整个区域；如果是错误的，则为0。

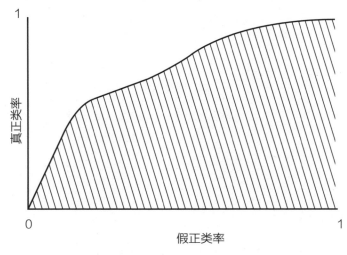

图7-9 ROC曲线下面积

精确率和召回率

精确率和召回率衡量的是模型检索和识别相关结果的效率。精确率是模型检索到的相关数据点除以数据点总数。也可以说，精确率是指随机检索到的数据点是相关数据点的概率。召回率是指在随机选择的搜索中有多少相关数据点被准确找到的概率。对两者的测量都很重要，因为精确率本身无法显示模型距离捕获所有相关结果还有多远，而只需检索所有数据点，召回率就可以达到100%。

精确率公式

$$精确率 = \frac{|\{相关数据点\} \cap \{被检索数据点\}|}{|\{被检索数据点\}|}$$

召回率公式

$$召回率 = \frac{|\{相关数据点\} \cap \{被检索数据点\}|}{|\{相关数据点\}|}$$

损失

损失是模型在做出特定预测时正确与否的量度。完美的预测，损失为零，因此，这是一个程度的问题。测量损失在机器学习中很有用，因为并不是所有的结果都是二元的，而改进模型的过程就是要逐渐减少每次迭代时的损失。衡量损失取决于一个人是在查看整个数据集还是其中的一部分，是期望大量的异常值还是相当均匀的分布，以及许多其他因素。计算所有损失的平方，看看损失是否回归到平均值，是否需要进行改变。绘制不同参数权重下的损失图，查看是否存在损失最小化的点，并在该点固定权重。为了找到这个点，需要求出这条曲线的导数，看看它是越来越近（下降曲线，呈负梯度），还是越来越远（上升曲线，呈正梯度），以最终了解参数权重如何使我们达到最小的损失水平。这叫作梯度下降（如图7-10所示）。

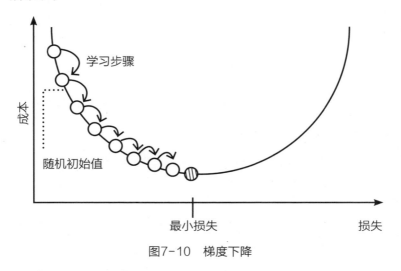

图7-10　梯度下降

与模型构建者合作更好地构建模型，可能需要深入到这个层次，但理解它通常只需要基本的微积分知识。

人工验收

人工智能优先产品采用明确的方式让客户对机器决策提供反馈——含蓄地接受或拒绝机器做决策时使用的预测。例如，可以从照片中判断出一款产品造成了危险的皮肤损伤，使用该产品的皮肤科医生可以接受也可以不接受这个判断。这可能是衡量预测准确度的最高单一标准，因为给出反馈的人类用户可能运用了他们的直觉，以及所有现实经验和领域知识。

使用指数

有一条基本的原则我们不能忘记：判断客户是否从产品中获得价值的最简单方法是看他们使用了多少产品。产品的使用指数与产品相关，理想情况下使用指数衡量的是客户为从产品中获取价值而采取的核心动作，例如点击搜索结果（不只是执行搜索）或购买产品（不只是点击目录）。对于人工智能优先产品而言，使用指数还需要衡量为基础模型收集反馈数据的动作。产品经理可以查看产品，记录客户反馈数据的每一点——显性的或隐性的，输入的或生成的——然后，围绕这些点测量

产品的使用情况，以找出提高使用率的方法，从而产生额外
的反馈数据。一些用户可能会比另一些用户生成的反馈数据
多——他们是模型的动力源，亦为产品的超级用户——而有些
用户可能会产生更高质量的反馈数据——他们是数据学习效应
世界的超级老师。搞清楚他们是谁，和他们交流一下，为他们
构建更多功能可能会获得更高质量的反馈数据。

机器赚钱

　　企业最终必须通过扭亏为盈，在没有外部资金来源的情况
下生存发展。关于机器学习，我们已经谈论了很多，但关于如
何利用机器学习模型来产生利润却少有涉及。本节提供了赢利
能力指标，以及可以提高这些指标的杠杆。

　　数据学习回路带来利润，并为人工智能优先供应商创造
投资机会：更好的预测可以带来更多的自动化，从而降低运营
成本，这意味着可以有更多的资金投入到研发（模型和数据）
中，从而产生更好的预测，如此循环。最终，这项业务会产生
非常高的毛利润，涵盖所有的运营成本，并实现盈利。图7-11
展示了供应商的数据学习回路。

图7-11 供应商的数据学习回路

我们还可从客户所获利益的角度来思考这个问题：更高的预测精度可以实现更高的自动化，吸引更多客户或鼓励现有客户更多地使用该产品，从而产生更多的数据和更好的预测，等等。

纵向与横向

"纵向"人工智能优先产品比"横向"产品面临更多的赢利挑战。纵向产品将机器学习应用于商业或工业数据，以生成对其客户有价值的预测。我给你举个例子：一种纵向产品，它从生产线上收集机器的数据，并使用这些数据来训练一个模型，预测生产线何时可能出现故障，从而帮助客户避免这些故障。另一个例子是从大量产品图像中收集数据，并使用这些数据来训练一个模型，以识别仓库或商店中的这些产品，从而帮助客户避免缺货造成的高昂代价。横向产品包括提供给不同纵向领域的机器学习工程师和数据科学家的工具。图7-12展示了客户的数据学习回路。

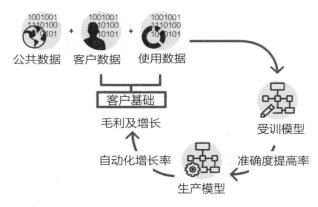

图7-12　客户的数据学习回路

这两类业务的经济情况截然不同，纵向业务需要为客户解决特殊流程问题，而横向业务需要解决一般流程问题。纵向业务需要围绕客户问题进行纵向整合，找出解决整个问题需要的所有东西。纵向业务可能需要与客户拥有的特定数据源进行集成，为他们构建一个输出预测的工作流产品，为公司的特定用户设置某些功能。横向业务需要推广他们的解决方案，使其适用于在不同纵向行业工作的人。横向业务可能涉及许多不同的数据源、工作流产品和通信工具的集成。生产人工智能优先产品的公司往往面临较少的盈利挑战，因为交付这些产品的边际成本很低，因此，这类企业的经济状况往往与传统软件公司相似。

　　对于人工智能优先公司来说，这个框架与传统软件公司的框架没有什么不同。纵向的、传统的软件企业需要为其所在行业的人构建各种软件集成、功能和流程。例如，Veeva Systems是一家世界级的纵向软件公司，为医疗专业人员使用的多种产品集成，提供临床数据管理和工作流程等功能，为客户提供更高效的监管服务。横向的传统软件企业需要为跨行业的企业构建软件集成、功能和流程。一流的横向软件公司赛富时拥有一个完整的云平台，不同的供应商可以在这里进行集成，形成一个应用程序市场，它提供行业所需功能，以及灵活的应用程序编程接口，使得客户跨应用程序构建自己的工作流。

利润

以下是毛利润、营业利润和净利润之间的对照：

收入

减：销售成本

等于 **毛利润**

减：营业费用

等于 **营业利润**

减：利息和税费

等于 **净利润**

单位分析

衡量赢利能力的第一种方法是以单位为基础来衡量。单位
分析很简单：选择一个单位部门并分析其赢利能力。由于商业
模式不同，每个企业的相关赢利单位是不一样的。例如，制造
一些能减少机器能源消耗的东西，可能考核的是按节能百分比
收费。因此，减少能源消耗的单位将是每一台机器，测量的基
础是每台机器的能源使用量。

商业模型可能基于一系列改进和多层次定价模型，因此，选
择客户作为单位通常是有意义的。这意味着将与该客户相关的所
有收入和费用分配给该单位。分配收入很简单——这只是每个客
户的营业额——但是，分配成本通常涉及跟踪所有销售、售前工
程、数据集成、产品集成、训练、客户特定的功能工程、客户
特定的模型训练、客户成果、客户服务，以及该单位的其他成
本。根据该单位的收入和支出，计算其毛利润（见表7-3）。

表7-3　计算毛利润（美元）

项目	2020年（实际）
平均单价	0.10

续表

项目	2020年（实际）
-人工成本	0.05
-质量保证成本	0.02
边际贡献（CM）	0.03
-服务成本	0.01
毛利率（GM）	0.02 (20%毛利率)

　　单位分析的目标是增加该单位的毛利润。这意味着，首先，以边际贡献衡量，所提供的产品是有利可图的，然后使客户大体上赢利，核算提交产品所需服务的成本。

　　计算该单位的净利润要复杂得多，因为从研发到办公空间的所有成本通常不可能都分配给特定的客户。我们将在下面介绍这一点。

投入成本分析

　　每个企业都使用投入来获得产出。输出预测的公司把钱花在了作为输入的数据上。分析数据输入的成本是产生利润的必要条件。

　　数据不是新的就是旧的。新数据来自标注；旧数据来自管道。

数据标注

数据标注由专家和非专家或机器完成。专家的工作是标注需要特殊知识才能识别的事物，比如身体中的一根骨头。拥有此类专业知识的专家的聘用成本可能会很高，因此，这些标注的单位成本更高。非专家主要标注不需要特殊知识的东西，比如椅子或盒子。非专家在工作方式上比较灵活，可以在各种平台上聘用，最著名的是亚马逊土耳其机器人。机器可以在没有我们帮助的情况下进行标注，它们能够达到的准确程度取决于所使用的技术和需要标注的数据。

第一个指标是每个价值单位的标注成本。这一点在将标注外包给供应商时是明确的——供应商的账单是多少，成本就是多少。但当客户聘用标注员，或者在训练过程中因出现故障而要软件工程师参与数据标注时，成本就会高一些。在后一种情况下，要搞清楚员工准备训练机器学习模型需要的数据所花费的成本，并将用于标注的成本分配给特定价值单位的输入成本，例如客户的项目。

第二个指标是专家和非专家标注之间的差异，及其随着时间的推移而发生的变化。假设专家比非专家更昂贵，而随着时间的推移，我们又必须标记相同数量的数据，那么就必须清楚如何在专家和非专家标注之间找到平衡。关键指标就是专家和非专家的一致率。也就是说，如果非专家的水平在很大程度上与专家的水平一样，那么就将更多工作转移到非专家身上，并获得相同的标注准确度和模型性能。

使用机器可能比聘用人工更便宜，因此，值得探索主动学习等技术和半监督学习形式，如生成性对抗网络。

最后，如果仍然有大量数据需要标注，那么，就可以探索使用机器生成合成数据。合成数据生成系统可以在一个包中生成数据和相关标签。

数据管道

从客户那里获取旧数据，需要构建从客户数据到机器学习系统的管道。这些管道的建造需要时间，但是，这种工程时间成本或者将其外包给系统集成商的成本，可以在客户关系的整个生命周期内进行分摊，因为这些管道（通常）一经建造就可以固定下来。将工程时间成本归因于价值单位，例如客户项目，有助于确定该客户是否有利可图。

有时候，并不只是构建管道那么简单，还有许多其他工作要做，例如，手动输入数据等。

降低管道建造成本的一种方法是构建自动化集成软件，训练低级别工程师进行数据集成，选择只与拥有更常见类型的数据存储客户（由此获得低成本，甚至免费管道）或外包客户合作。

研发成本分析

科技公司的研发预算可能非常重要。构建可供所有潜在客户使用的软件的成本通常被认为是研发成本而不是销售成本（Cost of Goods Sold，COGS），一些大型老牌公司将25%的资本用于研发。将费用归类为研发费用而非销售成本，分别影响净利润和毛利润。

与软件开发相关的费用分类很困难，而且经常引起争议，很难说哪些功能和代码任务是维护客户或吸引潜在客户所必需的。

人工智能优先公司的开支超出了软件功能的开发，例如，手动调整模型的功能或数据清洗，如果这些功能可以被转换到一个可以跨客户工作的全球模型上，或者如果传入的数据提高了模型的整体性能，那么这可以说是研发。

那么，人工智能优先公司如何管理研发费用呢？分解研发工作，看看哪些是有效的。机器学习研究人员和工程师致力于提高所有客户使用的模型的性能，或定制一个模型，使其适合特定客户。在后一种情况下，赚取更多的钱是主要问题。一方面是确保向客户收费，用于定制功能开发；另一方面，力争在足够短的时间内完成这项开发工作，在工程师的有效时薪上赚取100%或更多的利润，至少能够支付他在公司里的"全部"费用。在前一种情况下，挣更多的钱是一项更为艰难的任务。

弄清楚什么有效，确保研发人员确实在开发有可能改善模型整体性能的功能。这似乎颇具挑战性，但只需要应用科学的方法即可。也就是说，形成一个假设，即添加一个特征或者一些数据等，看看什么样的努力会产生什么样的结果，比如提高准确度、稳定性，以及其他，等等。然后进行实验并努力跟进。例如，在98%的时间里，当机器试图使用监督学习来识别麦片盒上的品牌时，可以先在低光照下或者特殊角度拍摄的麦片盒标签图像上对模型进行训练，然后让经过训练的模型对真实示例进行识别，以查看准确度是否全面提高。有时，领域专家已经学会了探索法——利用从工作中收集的东西——通过在功能中硬编码实现快捷的实验方式，比如："每当看到瓶盖脱落1毫米，我们就知道瓶子生产的下一步会强行终止，所以整个生产线也将停下来。"如果有人能够在其职业生涯中反复学习，他可能就不需要一个模型来学习做出这样的预测。

○　○　○　**本章结论：飞轮优先**　○　○　○

如果你想要做正确的事情，就必须能够对事情进行正确的衡量。我看到那些试图把人工智能放在首位的公司失败了，因为他们追求的终极目标不是强化核心的数据学习效应。而当我看到数据学习回路的强大力量时，这种感觉变得更加强烈。更普遍地讲，人工智能优先公司的管理系统还处于起步阶段——该行业还没有制定出合适的规则——因此，我与公司合作开发我们自己的产品，确保能够建立可持续发展的企业。我已经看到，有些公司使用本章中探讨的指标，将他们的公司变成了富有价值的公司。

　　如果你将某物视为一个动态系统，那么，当它不可避免地发生变化时，你就不会感到那么惊讶。利用飞轮让数据学习效应转动起来之后，它们便开始循环——而且随着每一次的重复进行自我强化。然而，有时飞轮很难转动起来，原因很多，包括采用人工智能的固有风险、对其性能的期望太高、可用数据太少无法对其进行训练，以及无法获得足够的数据以保持其处于最新状态。你可以使用本章中的框架和指标，选择要解决的正确问题，你也许就可以让飞轮转动起来了。

● ○ ● **本章要点** ● ○ ●

◆ **数据学习效应运动呈回路状**。学习是一个循环往复的过程：观察，从中学习，付诸行动，并观察其效果。数据学习效应也是一个循环过程：获取数据，将其放入模型，输出预测，并观察其准确度。

◆ **护城河是错误的比喻。**护城河是一种资产的积累，形成了一道屏障，但屏障可以被打破，而那些资产会被夺走。数据学习效应不仅积累了数据资产，还积累了经验教训。

◆ **回路不断成长。**数据学习回路自动成长，形状和大小会不断发生变化，因为每一次循环——每一次重复学习过程——它们都会自动积累经验。

◆ **数据学习回路功能强大，因为它们能够内生资产、能力和信息。**每一次循环，智能系统都会自动创建数据、程序，并积累经验。

◆ **有好的回路，也有坏的回路。**好回路有充足的数据输入，通过让人们运用预测做很多的事情，使熵增加，这样它就能够在现实世界中产生模型可以观察到的效果。让客户参与预测，为模型收集更多信息，并学到更多东西。

◆ **考虑解决问题的回报。**产品创始人、产品经理和设计师必须仔细考虑，一个具有概率假设的系统是否能够满足客户的需求，或者，考虑到犯错的代价，选择一个确定性系统是否会更好。

◆ **认清目标**。预测可用性阈值是证明产品接受度所需的最低性能水平。弄清楚客户期待什么，想要实现什么目标，并利用这些信息做出一个足够准确的、对现实世界客户都有用的预测。

◆ **达到足够的规模**。评估可以访问什么数据，是否能达到足够的数据规模，或者抛弃需要更多数据的模型。

◆ **并非所有数据都对回路有用**。一些数据用于建立模型，然后被丢弃，一些数据用作系统的输入，还有一些数据通过反馈机制被再次输入系统。在这三种数据中，只有最后一种才是产生竞争优势的基础。

◆ **注意漂移**。必须以与环境变化相同的速度获取新的训练数据。如果没有这些数据，模型可能会开始偏离现实。

◆ **选择要解决的问题时，需要将性能的所有方面考虑在内**。数据规模回报率低、漂移可能性高的领域不太可靠。而利用高数据规模回报率和低漂移可能性来应对问题的公司比较可靠。

◆ **模型测量**。准确度、二元分类、接受者操作特性、精确率和召回率，可以表明模型是否能够提供预测，以及它是如何越来越准确的。

◆ **跟踪单位成本**。找出交付给客户的核心单位，并衡量该单位的收入和支出，以初步评估人工智能优先公司的赢利潜力。然后对标注、数据管道、数据收集和研发成本进行分层，以得出准确的毛利数字。

THE AI-FIRST
COMPANY

第八章

优势聚合

人工智能优先公司采用了许多与其他公司相同的战略框架，但他们还构建了数据学习效应来捕获有关流程的足够信息，从而实现流程自动化，最终降低成本。这种成本优势为人工智能优先公司的管理者提供了更多选择。

他们可以选择保持价格不变：将差额作为利润；将利润再投资于数据学习效应背后的技术，实现更多自动化，进一步降低成本；将利润再投资于企业以实现纵向整合，或者重新定位以获取更多数据。

他们也可以选择降低价格，利用自动化带来的收益实现以下目标，从而在现有市场中击败竞争对手，或者在进入新市场时处于有利地位：差别定价；破坏；聚类。

人工智能优先公司的优势聚合如图8-1所示。

本章介绍上图顶部的五种策略：纵向整合、通过标准化定位、数据聚合、破坏市场准入，以及基于数据贡献的差别定价——为模型产生更多的数据，促进数据学习效应增长，并吸引更多的客户。管理者既可以将这些利润分配给股东，也可以再次投资于业务、技术或者战略，以进一步推动数据学习效应的发展。

此外，本章还讨论了数据学习效应如何让人工智能优先公

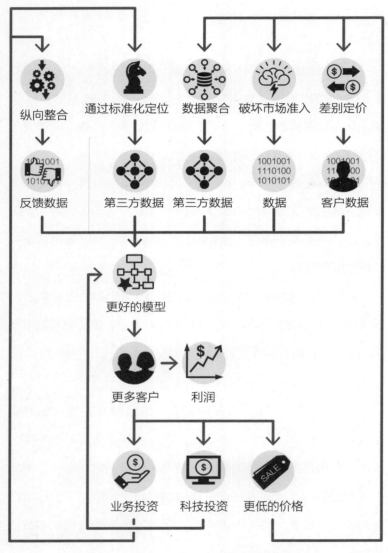

图8-1　人工智能优先公司的优势聚合

司在与现有公司的竞争中占据优势。从客户现有的数据库中获取数据，将其转换为新产品，并围绕这些产品集成服务，可以将客户从现有的软件供应商手里抢走。从现有软件供应商那里抢走临界数量的客户，通过设置存储和移动数据的行业标准，使整个生态系统围绕它们进行运转。上图中的概念——破坏、聚合、纵向整合——在过去几十年里，让新入行者从现有公司中脱颖而出。将这些概念应用于数据学习效应可以构建一系列长期、可持续和强大的竞争优势。

在进行深入研究之前，必须牢记，对以下任何优势进行聚合的先决条件都是把人工智能放在首位。战略是为了建立竞争优势而进行的权衡。人工智能优先公司对资金、时间和资源进行权衡来构建数据学习效应。只有拥有了数据、处理能力和数据网络效应——数据学习效应时，他们才能够聚合其他竞争优势。

传统形式

商业战略教科书倾向于将竞争优势分为两个顶级类别：供给和需求。这是与商界人士进行交流时经常用到的词汇。供给是对输入、流程和规模的整合，需求是对品牌、转换和规模的整合。现有的竞争优势词汇也适用于人工智能优先公司。

在供给侧，人工智能优先公司通过以下方式聚合优势：

● 拥有获取有价值数据的特权，这些数据是人工智能的关键输入；

● 开发将数据转化为信息的流程，降低计算成本，或者促进机器学习研究人员、工程师和数据科学家之间的合作；

● 利用大量数据训练预测模型，或者整合跨客户的预测模型，以获得不断增长的规模回报。

在需求侧，人工智能优先公司通过以下方式聚合优势：

● 围绕对数据管理的信任、稳定可靠的准确预测，以及优质售后服务，打造强大的品牌；

● 通过数据存储标准、互补产品生态系统和长期客户合同创造转换成本；

● 设计一款随着越来越多的用户加入产品网络而变得越来越有用的产品，以获得不断增长的规模回报。

此外，人工智能优先公司可能还会聚合政府授予的优势，比如独家使用政府数据和模型专利的权利，以及因为提供使社会能够更好地规划和运作的预测而获得的补贴等。

纵向整合

世界上最好的产品是由纵向整合的企业生产的：苹果的硬件到软件、亚马逊的仓库到网站，以及19世纪工业家安德鲁·卡内基（Andrew Carnegie）的矿山到工厂等。许多像罗纳德·科斯（Ronald Coase）那样的著名经济学家，以及像戴尔科技的创始人迈克尔·戴尔（Michael Dell）那样的企业家，都对纵向整合的益处赞赏有加。在一个产品包中提供客户所需的一切，可以实现质量控制，有利于构建深度关系和提供更好的定价。

人工智能优先公司还有另一个主要好处：每天从使用产品的客户那里获取更多数据。不断更新的数据流使模型始终处于最新状态，预测准确，并与现实世界保持一致。纵向整合如图8-2所示。

纵向整合可以加快新技术的推广。人工智能是一种相对较新的技术，在推广上存在特殊的障碍：严重的后果，比如漏诊；难以计算的价值，例如为安全分析师节省的时间；以及高资源需求，例如具有培训机器学习系统所需技术技能的工程师。向客户提供一个完整的、纵向整合的人工智能优先解决方案，取代他们使用的软件，可以简化销售流程。

事实上，有许多人工智能优先公司进行了纵向整合。例如，对冲基金可以获得自己的数据，建立自己的模型，做自己

图8-2 纵向整合

的生意；他们建立模型的目的并非让其他人利用其产生的预测进行交易。广告平台能够找出最佳目标客户，然后推送广告；他们不会向其他网站出售寻找客户的模型。新时代消费金融应用程序能够对提供贷款的风险进行评估，然后再发放贷款；他们不会把贷款评估模型卖给银行。

人工智能正在快速发展。十年前，进入该领域的门槛很高，因为让人工智能运作起来非常困难。如今，有在线代码库可供借阅，有开源（免费提供、可分发和可修改的）软件以及方便的框架可供使用，有能力出色的咨询公司可供合作，还有训练有素的人员可供聘用。的确，许多大型科技公司都在免费提供基本的人工智能，可以在任何人提供的数据上运行。但是，数据和人工智能的能力还不够。在2005年左右，通过对基础人工智能进行专有数据培训有可能取得成功。如今的方法，比如一次性学习、生成性对抗网络以及概率编程，都有助于在数据相对较少的情况下获得高精度的模型，但规模还不够。将数据规模、处理能力和网络效应结合起来，构建数据学习效应是公司前进的方向，而构建这三个要素可能涉及纵向整合。

你做什么

纵向整合需要为客户承担并解决业务问题，而不仅仅是技术问题——提供的不仅仅是产品，而是完整的解决方案；完成所有需要完成的工作。以下是纵向整合公司可能提供的一些做法示例：

- 回复客户的电子邮件，而不是向负责回复电子邮件的代理提供回复邮件的建议（我们将在本节中使用该示例）；
- 在网站和营销平台上提供多种语言的文本，而不是为翻译人员提供翻译工具；
- 经营一家保险公司，而不是帮助保险公司更有效地处理索赔。

完整的解决方案有很多部分，如下面的金字塔图（图8-3）所示的人工智能优先公司的纵向整合。

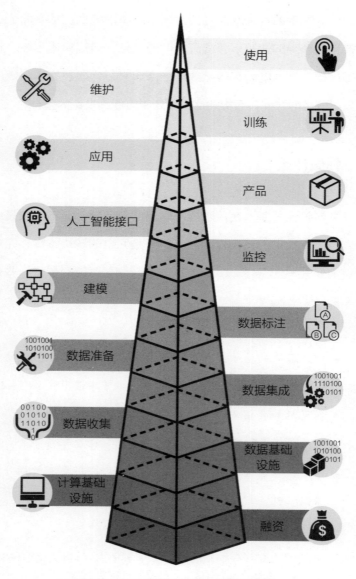

图8-3　人工智能优先公司的纵向整合

以亚马逊的个人语音助理Alexa为例。以下是其从无到有所经历的步骤：

- 用内部资本资助；
- 使用亚马逊网络服务的计算基础设施和数据基础设施进行开发；
- 从产品和辅助设备的早期用户处收集书面和口头数据集；
- 在内部准备数据，不让数据离开公司，部分是出于隐私原因；
- 聘用自己的人对语音文件的片段进行标注；
- 建立了自己的语音识别模型；
- 通过亚马逊网络服务，再次使用自己的监控系统；
- 在内部监控使用情况；
- 设置一个家庭扬声器；
- 将扬声器直接分发给拥有安装工具（通过移动应用程序）的客户，实现他们希望得到的功能——例如连接到其他扬声器或者作为独立设备；
- 通过互联网获取数据以训练模型并更新产品。

Alexa是一款完全纵向整合的产品。

我们所要做的选择是，是否通过其他公司提供预测，或者是否通过专有软件、服务和其他非软件产品提供预测，从而进入下一个层次。例如，设计一个客户关系管理系统（Customer Relationship Management，CRM）对往来电话进行记录，把销售目标放在可以对其进行呼叫预测的模型上；或者将电子邮件模板设计工具放到模型上，按照客户的喜好自动将电子邮件列表进行分类，因为这些客户有的可能喜欢不同外观的电子邮件，有的可能喜欢将身份票据记录功能放到自动响应生成模型上。

这还只是软件问题。超越技术，直达现实世界，在这个世界里，纵向整合涉及将资本分配给实施、训练以及其他一些工作，包括聘用人员手动处理预测，或直接与客户沟通来处理异常情况等。聘用这些员工的成本可能比电脑还高，但模型可能会出错，而这些人却能够100%地进行事物识别、打电话，或者撰写电子邮件。

最后，让我们回到金字塔的底部。为人工智能优先公司提供资金是纵向整合的一个独特机会，当人工智能出现故障时，无须顾及成本，只须保证其能够继续运行。提供这种担保意味着，当人工智能崩溃时会赔钱，但当它运行时也会获利。例如，你将承担最终失败的人工智能的贷款成本，但你可以将这些贷款的所有收入作为利息。提供这样的担保通常需要更多的资金，来支付模型在学习过程中超出的成本。在有足够的数据表明这些模型值得投资之前，风险投资是一种融资选择，但成本很高。其他形式的股权资本是在现有业务中构建人工智能公司的一种选择，这些业务产生的收入与投资风险无关。当机器学习和商业模式运作——正确预测风险、承保风险，并获得回报等——都有记录时，债务便有了价值。最终，人工智能优先公司的资产负债表上将有足够的现金，来支付模型出现错误时的成本——承保风险成本——以保留所有利润，而无须向外部股东或债务持有人支付任何利息。纵向整合达到保证客户自负盈亏的程度时，人工智能优先公司就可以从正确的操作中获取所有利润。

你得到了什么

围绕纵向整合的产品构建服务、集成、团队和技术，既困难又昂贵。还有更多的东西需要建设，更多的问题要解决。然而，也有三大好处：更多的数据、利润和收入。

更多数据

提供人工智能模型服务可以从客户那里直接收集数据、元数据和获得启发——从自动完成任务中得到的经验教训。

　　软件（产品）层面的纵向整合可以在真实世界中直接观察预测的效果，生成更多数据反馈到模型中，以便将来进行更准确的预测。观察可以来自产品内部，根据用户点击按钮或者填写表格的情况，查看他们是否接受、修改或拒绝人工智能的回应。例如，当客户支持系统自动生成、批准，并发出回应时，则模型是"正确的"。如果在发送之前对该回应进行了编辑，则说明该模型至少出现了部分错误，但它能够进行调整，比如学会下次不使用某个词，以及确认回应是否令人满意。当传感器拾取图像或声音时，观察也来自产品之外。人工智能优先公司拥有人们每天使用的产品，以及将数据输入该产品的传感器来获得数据，并利用它们来对模型进行改进。

　　人员（服务）层面的纵向整合可以产生有用的领域专业知识，有助于进行更好的预测和数据标注。做出更好预测的想法来自每天和客户打交道的人，他们观察客户的行为，并与业内经验丰富的人进行交谈。通常，只需问问做了20年同样工作的人，什么东西可以用来对其他事物进行预测，就可以找到构建机器学习模型的捷径。

　　我给你举个例子：在整合客服系统时，可以咨询一下终身客服代理，问问他们什么东西通常会引起客户的积极响应。然后，将其插入自动生成的回复中，使系统更积极地解决客户的问题。或者，在客服系统中添加一个按钮，当代理认为写邮件的客户特别生气，需要及时进行干预时，可以单击该按钮，将邮件标记为"敏感"：标注数据，训练机器学习模型以确定响应优先级别。通过聘用领域专家来实现系统的纵向整合，可以产生更好的想法和数据从而对模型进行改进。

更多收入

如果承担风险的公司对风险有合理的认知，那么就有可能从风险中获得回报。最明显的例子是投资公司，他们评判一家公司是否有风险，就是看它能否使用资本构建产品、设计可盈利的商业模式，并凭借某种形式的竞争优势保持利润率，进而从投资中获得回报。投资者对每一种风险进行评估——产品和市场、业务和销售，以及竞争——当他们的判断比其他人更准确时，就会得到回报。也就是说，他们之所以得到了回报，是因为他们比其他投资者更早地看到了该公司是否可以利用资本来降低生产产品、在市场上寻找客户、签署商业协议、聘用优秀销售人员的成本，以及保持竞争优势。投资公司位于世界最大公司之列，除非是判断完全错误，否则他们的风险收益将会倍增。如果人工智能优先公司基于风险评估创建商业模式，也可以以同样的方式增加收入。

更重要的是，人工智能优先公司可以因承担人工智能工作的风险而获得收益。客户可以规定想要预测的东西、预测的准确程度，以及准确预测产生的结果。然而，客户无法控制模型是否能够达到那种准确度，以及他们在人工智能上的投资是否会获得回报。客户不想承担人工智能是否能够运行的风险。继续以电子邮件为例，只有当自动回复产品的成本低于客服回复邮件的当前成本，并且保持相同的质量（以客户满意度分数衡量）时，客户才会为产品付费。对于可以自动生成可接受答案（以客户满意度分数衡量）的人工智能优先产品来说，如果每个问题的机器处理成本低于当前人工成本，那么，投资该产品将会为客户带来积极的投资回报。客户以更低的成本获得相同的结果，随着自动化程度的提高，人工智能优先公司获得了更多的利润，而且每个解决方案的成本都低于客户支付的金额。

让我们将其与传统软件商业模式进行对比。与提供准确的预测相比，构建和交付软件功能更具确定性。客户指定可以为其省钱或挣钱的软件功能，供应商根据这些功能构建产品，然后交付产品并获得报酬。例如，当你购买基于云的客户支持系统Zendesk时，你知道你购买的是什么，会得到哪些功能。客户能够控制软件提供的功能，因此知道他的投资能否得到回报。如果产品达到了他认为的效果，那他会得到很好的回报；如果效果没有广告上说得那么好，或者他的员工不想使用该产品，那么，他得到的回报就会很少。由于软件的功能可以选定，所以产品的定价比较明确：无论是采用预付方式还是认购方式，价格都是固定的。人工智能优先产品既有传统软件开发、推广和集成产生的风险，也有预测可能错误的额外风险。但这种风险也创造了一个机会：预测正确就会赚钱，从而为客户带来投资回报。人工智能优先公司基于投资回报率的定价如图8-4所示。

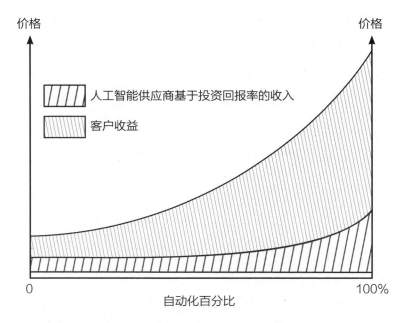

图8-4 人工智能优先公司基于投资回报率的定价

基于投资回报率的定价目标是与客户分享价值。定价遇到的第一个挑战是，找出代表客户价值的指标，将其作为定价的

基础。这些指标因产品和客户的不同而相异。例如，一个人工
智能产品能够提供技术支持理解用户电子邮件的内容，并生成
对电子邮件的回复，有效地减少了回复此类电子邮件的时间和
成本。非基于投资回报率的定价，可能是运行生成这些响应系
统每月所需的软件费用，而基于投资回报率的定价，可能包括
节省的时间和成本。一般来说，软件公司能够获得10％到30％
的回报。而更多可接受的响应系统将为人工智能优先产品供应
商节省更多的成本，带来更多的收入。

图8-3显示了基于投资回报率的商业模式。人工智能优先产
品供应商通过自动化手段从客户那里获得回报。从客户的角度
看，投资回报率的百分比与自动化的回报一致。

纵向整合依然是一个重要的考虑因素。按照投资回报率定
价意味着需要提供规定的投资回报率，而这通常需要运行整个
系统。使用上面的例子，就意味着：

- 从身份票据系统中提取身份票据信息；
- 将自动生成的响应传递回系统；
- 训练人工智能客服以批准身份票据；
- 更正自动生成的响应，这些响应不够好，无法按原样发送。

这些步骤中的每一步都需要花费金钱，加起来可能超过构

建一个全新的客服系统的成本。

　　赢利能力取决于对数据集成、交付、培训，以及支持成本的控制。例如，向客户销售一个完整的解决方案，如果通过与可重复使用的数据库连接器连接、以零边际成本提供的标准化在线培训材料，以及无须支持人员的全面支持文档进行自动化集成，以更低的价格销售的话，可能会带来更大的利润。对于人工智能优先公司来说，根据投资回报率向客户收费是一个独特的机会，随着系统变得更加有效，可以赚取更多收入。然而，它需要承担以足够低的成本提供产品以赚取利润的风险。

更多利润

　　纵向整合的优势集中在金字塔每一部分可获得的增量毛利润和客户能力上。例如，通过一个应用程序编程接口——一种软件之间进行通信的结构化方式——进行预测可能需要花费50美分，而客户每次"调用"需要支付1美元——毛利率为50％。然而，客户可能没有能够使用该应用程序编程接口的软件开发人员。在这种情况下，客户需要一个接口，通过该接口接收预测和训练，以了解如何使用该接口，这可能需要再多花1美元。客户可以从预测中获得了很多价值，所以花5美元买了一件交付成本仅为1.50美元的东西——毛利率为70％。对于人工智能优先产品供应商来说，攀登纵向整合金字塔是一个值得期待的举措。

差别定价

搞清楚如何向客户收费是一个永恒的挑战，也是一个将价值观与现实进行照应的挑战。定价是将差异具象化，因为顾客不得不花很多钱购买一个在其他地方买不到的东西。定价策略涉及收益质量、增长、赢利能力、产品、营销和销售。人工智能优先公司还将数据策略与定价策略结合起来。差别定价如图8-5所示。以下是人工智能优先产品的定价方法。

图8-5　差别定价

贡献

对于人工智能优先公司来说，数据总是具有很高的价值，可以用来为特定客户或所有客户建立更好的预测模型。在后一种情况下，客户有效地组成了一个数据贡献者联盟，他们借助聚合数据优势，享受更好决策带来的益处。然而，即使数据是以聚合和匿名状态存在的，一些客户依然不想与联盟中的其他人共享数据，因此阻碍了模型的改进，致使企业无力向其他客户收取更多的费用，而这些损失只能由这些客户来承担。

应用

交易定价——随着客户使用量的增加而获得更高的收益——是与客户共同成长的关键。基于使用量的定价通常看起来像是按每个用户或每个"座位"收费。然而，这可能不适用于人工智能优先产品，因为它会阻止客户添加更多的用户，从而减少返回系统的使用数据量。此外，按用户数量进行收费，可能会为总收入设定上限：如果人工智能优先产品能提高公司员工的工作效率，那么随着时间的推移，公司将需要更少的员工，从而支付更少的费用。

数据量和预测量是人工智能优先产品价值的基础。基于数据和预测量的定价可以促进增长，因为它们不受使用量的限制。客户也许会担心，他们使用该产品的次数可能会远超预期，会受到意外高额账单的困扰，但这可以通过下列措施进行缓解：打折、不同的定价方案（比如三级收费）以及其他激励使用、增加收入、提高确定性等机制。

更新

定期更新的模型可以通过基于云的在线系统分发给客户。如果更新具有更高的准确度、可靠性或质量，则可以在每个更新周期向客户收费。为客户建立一个界面，让他们了解旧模型和更新模型之间的差异，从而清楚地看到升级的价值。免费提供一个模型更新之后的输出结果，可以提高客户的购买意愿。购买之后，客户可以通过云系统获得更新的模型，或者手动将其上传到自己的内部计算系统。

功能

长期以来，公司一直根据功能来设定价格。随着时间的推移，单个产品会演变成具有多种功能的产品线。人工智能优先公司可以像软件公司那样就下列内容向客户收取更多的费用：

不同的功能、接口、集成、格式、支持级别、延迟、速度，以及兼容性。人工智能优先公司还可以对人工智能相关功能收取更多费用：预测不同类型事件的不同模型功能、针对单个客户预测特定事件的功能，以及预测与整个客户群相关的事件的功能。

在客户付款时，供应商可以打开这些交付的功能，这需要有一个交付机制——例如，一个网络界面。这是定价和产品策略相互作用的多种方式之一：纵向整合的产品能够对交付功能实行完全的控制，从而根据功能进行定价。

人工智能优先的破坏力

克莱顿·克里斯坦森（Clayton M. Christensen）是一位颇具影响力的商业理论家，在其1997年出版的《创新者的窘境》（*Innovator's Dilemma*）一书中，他对破坏理论进行了这样的阐释：新入行者可以从现有供应商那里撬走一些客户，方法是牺牲现有产品的小部分利润，将专门的产品销售给特定的客户群。他们可以通过向这些客户销售额外的产品来获取市场份额。这里的核心假设是，能够识别出不需要现有产品所有功能的客户，并生产出更专业、更高质量、成本更低的产品。在客户开发和产品设计中，发现利基市场并创造更专业的产品是一项基本任务。而这正是数据学习效应发挥作用的地方。图8-6示意了人工智能优先的破坏力。

破坏

数据

图8-6　人工智能优先的破坏力

首先，数据学习效应可以降低价格。例如，智能系统通过搜索所有可能的化学组合，让药物开发过程的所有步骤实现自动化，最终降低药物生产成本。较低的生产成本可以降低价格，而较低的价格可以吸引客户离开竞争对手。这是人工智能优先的第一波次破坏。

其次，数据学习效应是创造高质量产品功能的基础，例如个性化和观点生成等。现有公司往往低估了这些高级功能的价值，因为他们认为自己的客户群不需要更高质量的产品。而人工智能优先公司最初能够以较低的价格提供质量较低的产品，然后逐步改进产品，以实现更好的个性化、更全面的自动化，或者提供更准确的观点。例如，谷歌等广告平台最初销售广告的价格低于网站横幅的成本，但现在收费提高了很多，因为这些平台可以提供个性化广告，为广告商提供高质量的线索。这是人工智能优先的第二波次破坏，利润来自销售更高质量（和更高价格）的产品。

最后，数据学习效应带来了满足最苛刻用例的产品：完全自动化。人工智能优先公司拥有自动化解决方案的新市场，任由现有公司在旧市场中渐渐萎缩。这是人工智能优先的第三波次破坏。

表8-1展示了人工智能优先的破坏波次。

表8-1　人工智能优先的破坏波次

波次	描述
1	通过向利基客户细分市场销售一种成本远低于现有公司一般产品的特殊产品，从现有公司那里挖走一些客户——因为数据学习效应可以降低生产成本。
2	开发新颖的、基于人工智能的功能，比如个性化、观点生成和自动化，向客户收取更多的费用。
3	创造能够为最苛刻的客户提供完全自动化的新产品。

人工智能优先聚合

为世界各地自由流动的大量数据创造了一个机会：对其进行聚合，用智能系统进行管理，并进行广泛分发，从而生成更多的数据，等等。图8-7示意了人工智能优先聚合。

聚合

第三方数据

图8-7　人工智能优先聚合

　　当我们生成大量数据时，聚合的机会就出现了。互联网上的低交易成本意味着推广使用新产品更加便捷——只需在网上输入信用卡号码，人们就可以使用更多产品，并生成更多数据。互联网还降低了分销成本——只需下载应用程序——使得产品销售变得更加容易，吸引更多的客户，收集更多的使用数据。此外，互联网还降低了边际成本——云计算相对便宜——从而可以在线向客户提供廉价的产品。这一切都会导致更多的客户使用更多的产品，并生成更多的数据。

　　当某种东西大量存在时，想要获得更多的价值就不能继续大量生产，而是要对其进行开发和管理。大量数据不是产品，但信息可以是产品。大数据时代给了我们一些产品，可以手动储存、管理和发现数据。人工智能可以自动管理所有这些数据，并帮助我们发现与必须做出的决策相关的内容。人工智能将数据转化为产品。

下面是人工智能优先聚合器的特点：

- **与客户建立直接关系。**人工智能优先聚合器生成预测，客户每天使用这些预测进行决策。现有公司是人工智能优先产品背后的记录系统，就像软件应用程序背后是数据库一样。除非出现了故障，否则客户不会与数据库有任何交集。例如，你不会与拥有电影版权、对电影进行编目、并与世界各地发行的公司打交道；你只需点击播放奈飞公司（Netflix）建议的下一步观看内容即可。

- **以零边际成本服务客户。**利用人工智能优先聚合器，生产成本就会随着自动化程度的提高而降低。现有公司通过向其产品中手动添加功能，或者提供更多的服务来逐步扩大规模。例如，线下出版物需要一名翻译人员将每一页书稿翻译出来，然后付印，而线上出版物可以使用自动语言翻译产品将文章翻译出来，然后交付给世界各地的更多客户。

- **零分销成本。**人工智能优先聚合器通过将产品与客户已经使用的产品进行集成或搭接，然后提供给客户。例如，人工智能优先应用程序可以从软件程序JIRA（由澳大利亚软件公司Atlassian Corporation开发）获取身份票据，并学习如何将这些身份票据发送给合适的工程师。它既可以聚合数据，又可以通过该公司的市场销售数据进行学习。然而，很多现有公司没有产品可以依托，只能花钱进行营销开阔市场，才能把产品卖给客户。

- **零交易成本**。人工智能优先聚合器在其他供应商的基础设施上运行其系统。实际上，很多现有公司是人工智能优先产品获取数据的数据库。一个很好的例子就是这些公司可以接入赛富时的软件应用程序。这些应用程序可以接入赛富时系统并在其中运行，在赛富时的计算基础设施上提取和处理数据，有效地将人工智能优先产品处理数据的边际成本降至零。

聚合理论不仅解释了奈飞等公司目前拥有巨大市场支配力的原因，而且还解释了人工智能优先公司可能拥有更大市场支配能力的原因。流媒体娱乐服务拥有临界数量的客户（需求），激励了产品的生产（供应），在一个积极的自我强化回路中，更多的内容吸引了更多的客户。人工智能优先聚合器有潜力构建一个更快速的自我强化回路，因为他们的客户既是这个回路的需求方，又是这个回路的供给方。从本质上说，一个临界数量的客户（需求）可以为人工智能生成足够的数据，从而使其生成越来越准确的预测。反过来，更高的预测准确度会鼓励这些客户更多地使用该产品。客户生成足够的数据来启动人工智能中的飞轮，然后在一个快速自我强化的回路中，人工智能自动生成足够的数据，提高系统的准确度，从而提高产品的认可度，人工智能优先公司因此能够快速建立其市场统治力。

整合现有公司

软件需要与现有的工作流集成才能发挥作用。人工智能优先聚合器扭转了软件集成的方向，吸引了现有公司的客户。

- **现有公司后向集成**，构建一个供客户每天使用的工作流工具，然后将该工作流中的数据放入数据库。
- **人工智能优先公司前向集成**，从数据库中获取数据，并构建一个供客户每天使用的智能系统。

人工智能优先聚合与纵向整合不同：聚合与数据有关，旨在推广应用；纵向整合涉及数据、服务、基础设施、接口等，并增加利润。此外，人工智能优先聚合促进了用来从互联网上聚合数据流的新产品的开发，这些新产品比现有产品更具优势，可以从现有产品那里提取数据，然后进行集成，并通过现

有产品进行销售，从而使现有产品处于从属地位。现有公司后
向集成如图8-8所示。

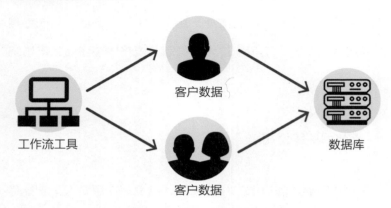

图8-8　现有公司后向集成

图8-9展示了人工智能优先公司前向集成。

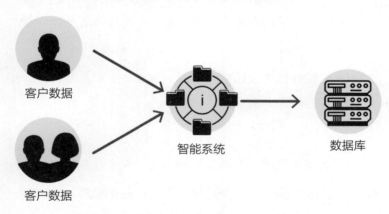

图8-9　人工智能优先公司前向集成

定位

在软件发展历程中，为了防止客户抛弃自己的产品转而使用竞争对手的产品，软件开发公司通常会将其产品与客户的使用环境进行深度融合。本节从更广泛的技术行业中吸取经验教训，将其应用于人工智能优先产品的研发中，编写新的框架，从三个层面将产品嵌入一个行业：存储、标准和生态系统。此外，本节还为那些购买人工智能优先产品的人提供了一份供应商合同中必须出现的项目列表。图8-10示意了产品定位。

定位

↓

第三方数据

图8-10　产品定位

以下是人工智能优先产品存储核心资产、设定标准、构建生态系统、打造品牌，以及率先获取价值的方式。

存储核心资产

将数据存储管理嵌入人工智能优先产品：例如，提供强大的图像搜索工具，但这些工具只会提供给那些同意将其所有图像存储在你的数据库中，或者拥有捕获和存储数据传感器的客户。然而，存储客户数据需要就数据权限和他们进行协商。某种程度上来说，这是一个选择：即是否以更严格的条款获得一个大客户，利用临界数量的数据，训练出高准确度的模型，然后，以更宽松的条款快速吸纳市场中的其余客户；或者是否以更宽松的条件获得许多较小的客户，他们的数据总量可以达到临界值，能够将模型训练到很高的精度。

这种选择取决于市场的数据动态：是一个还是几个客户拥有临界量的数据。如果一个客户的数据量就已经达到临界值，并且同意签署一份有效的数据权限协议，那么追求这一个客户就可以了，否则，就去追求多个客户。

例如，公司通过要求客户将模型上传到云服务来存储模型，也可以嵌入人工智能优先产品中。也就是说，模型必须上传到云服务。这与大多数基于云的软件供应商管理产品存储和服务的方式类似。

设定标准

供应商必须遵守产品生产标准，将标准制定者的产品嵌入一个生态系统中。这种嵌入式技术的做法不同于所谓的供应商锁定，因为供应商锁定是围绕一个带有限制性条款的商业安排进行的。标准设置可以通过两种方式实现：一是采用更先进的技术，二是占据市场主导地位。有很多伟大的公司将其技术嵌入一个生态系统中，比如思爱普、甲骨文和微软等。

以文档和训练为表现形式的标准对协议、数据、产品、人员以及程序进行了锁定。

- 协议锁定来自需要遵守特定系统架构（如数据格式或模型结构）的其他供应商。这降低了潜在客户的转换成本，使其更容易采用符合标准的产品，但增加了当前客户的转换成本，因为搜索一个使用该协议或重新格式化数据的供应商，可能代价高昂。在数据世界中，最著名的例子可能是微软Excel。微软这款分析产品有着强大的锁定功能，因为其格式是独有的。让协议透明和可编辑——比如，开放数据源——是促使行业内其他人采用标准的主要方式之一。

- 数据锁定可能来自需要通过特定系统发送数据，并允许在途中收集数据的其他供应商。如果这些训练数据的智能系统比竞争对手的好，那么数据锁定可能会增加。例如，思爱普是供应链数据的中心，任何开发有助于理解供应链新软件的人都必须使用其数据协议。

● 产品锁定来自需要在特定界面中运行其软件的其他供应商。由于竞争产品界面之间的差异较小，因此产品锁定会增加。例如，赛富时提供了一个具有许多功能的客户关系管理系统，允许供应商在此基础上构建应用程序，但前提是这些应用程序必须在赛富时界面上运行。这样一来，客户很难看到在赛富时内部运行的应用程序的附加价值。

● 人员锁定来自客户的员工，他们已经习惯于使用基于其架构、数据或界面的产品。这增加了竞争对手的转换成本。例如，在过去几十年中，甲骨文——直接或间接——培训了许多使用其专有数据库查询语言的开发人员。如今，这些人可以轻松地在其他同样使用甲骨文数据库的公司之间流动。

● 程序锁定源自工作伙伴遵守操作流程以控制质量。这增加了转换成本，因为当前的客户不会选择其他供应商，除非他们与一个通常被称为系统集成商（SI）或独立软件供应商（ISV）的合作伙伴达成协议——而这些合作伙伴又会遵循这些操作流程。例如，云计算和虚拟化软件公司VMWare培训系统集成商在计算基础设施中正确安装其硬件。客户们不太可能冒险选择一个新的集成商为其建造一座全新的计算基础设施。

在确定技术公司的产品和营销战略时，何时以及如何追求标准化以锁定客户，可能是最重要的问题之一。计算机非常复杂，需要整个生态系统的标准协同一致才能工作。何时设定标准取决于它是一个新市场，还是一个成熟的市场。

为了广泛推广自己的技术，正在开辟新市场的公司通常更愿意推动标准化建设。标准不仅能够使客户轻松地集成现有系统——例如，通过以标准数据格式将数据放入其人工智能优先产品中，而且也为第三方开发人员打开了构建补充功能的大门。比如一个简单的界面，让客户可以调整人工智能模型中的参数，从而将产品市场从技术客户扩展到非技术客户。有了标准，公司更容易将自己定位为多面手，根据这些标准构建的工具了解新的技术。具备定制应用能力的多面手公司在这一点上发展迅速，因为产品空间存在碎片化。我们看到，例如，在市场生命周期的这一阶段，初创企业推迟了对垂直市场的关注。

成熟市场中的主导企业倾向于降低标准化水平、促进分散，或实施高度详细的标准，以减少来自新公司的竞争。标准为新入行者进入成熟市场提供了便利，因为他们可以使用标准中的所有规范快速构建产品，并将其提供给已经习惯了该标准的客户。对新入行者来说，降低标准化水平不利于其打造一款客户可以轻松切换的产品。促进碎片化会让客户感到困惑，迫使他们转向拥有最稳定体系结构的主导供应商。详细的标准降低了新入行者生产差异化产品的能力，因为产品功能是由标准决定的，这会致使客户在选择主导供应商时，更加看重产品功能以外的东西，比如售后服务或者彼此之间的良好关系。在这一点上，高度专业化的公司能够推出符合每一项标准的成熟产品。因此，它们将会蓬勃发展。

何时执行标准化计划，取决于谁在特定市场中发挥着主导作用。这些人可能处于生态链的最低层，例如运行软件的硬件制造商。每个人都希望硬件制造商会采用相关标准；否则，所有软件都将无法运行。计算机芯片制造商英伟达（NVIDIA）在机器学习市场就拥有这样的优势。从多个方面来衡量，这家总部位于加利福尼亚的公司生产的计算机芯片都有着最出色的性能，可以在上面运行多种类型的机器学习模型。开发人员学习NVIDIA开发的编程语言CUDA（统一计算设备架构），以便为NVIDIA的计算机芯片编写说明。一旦开发者使用了CUDA，该公司就可以向他们展示其想销售的其他新软件。

搞清楚谁控制着关键用户界面以及谁控制着数据管道瓶颈，可能是需要考虑的关键因素。例如，企业资源规划软件可以收集并保存有关产品库存的数据。主导作用也可能来自买方而非供应商，因为政府和其他大型采购商在一定程度上可以影响标准的制定，使得行业标准与其现有基础设施能够完美契合。

最后，公司和非公司组织的联盟倾向于为整个行业制定标准，因此，建立这样的联盟成为一种宝贵的战略能力。电信行业就是一个典型的例子，国际电信联盟（International Telecommunication Union，ITU）是由联合国创立的，通过与世界上主要的电信服务提供商、广播机构、手机和网络设备制造商的长期谈判，制定了移动设备通信标准。我们在软件行业也能看到这种现象，也会有一家公司为其他公司提供赞助，比如有了谷歌的赞助，Kubernetes（一种编写软件的方式，可以同时在云中的多台计算机上部署）和Keras（用于构建机器学习模型的一组框架）就能够巩固基于这些标准的内部开发工作，投资于不断增长的相关行业，吸引人才根据这些标准生产更好的产品，在积极的强化回路中不断壮大相关行业，等等。

最终，客户将拒绝采用那些会将其锁定在某种产品中的功能，除非这些功能可以产生很多价值，因此，当这些功能还没有展现出好处时，过早地进行推广将是徒劳的。然而，推广太迟则会有失去客户的风险，届时他们可能会对提供相同功能的新入行者感兴趣。当技术新颖时，尽早采用限制性使用条款是保护知识产权的一种方式，而在竞争对手的技术迎头赶上后放松使用条款，则是通过让其他产品集成来扩大产品周围生态系统的明智之举。这既是产品战略，又是财务考量：产品战略关注的是客户是否有功能替代品；财务考量是关于是否可以通过扩大现有客户的使用范围，或者获取新客户来实现赢利——而这些新客户可能很难在相对严格的条件下融入该领域，新客户需要深度融合。

构建生态系统

兼容性

对于需要从其他应用程序获取数据以训练底层模型的人工智能优先公司来说，兼容性——引入一种与客户已经使用的产品配合使用的新产品——是一个重要的考虑因素。真正新颖、革命性和纵向整合的产品可能与现有产品不兼容，但因其所提供的价值明显又完整，所以客户更愿意采用它们，这会导致计算、数据和人员配置等发生整体变化。事实上，革命性的产品拥有的技术可能太过新颖，以至于无法与现有技术兼容。苹果手机就是一个例子：最初几年，苹果公司禁止其他软件开发者为其手机设计应用程序，阻止人们使用微软邮箱和其他流行应用程序，但由于该产品极具革命性，所以售出了数百万台。然而，要想创造出真正新颖的产品，并将客户可能需要的所有东西纵向整合到该产品中，从一开始就非常困难。因此，公司在制定市场进入策略时，通常需要考虑产品兼容性。而那些通过改进而产生的不太新颖的横向产品，必须能够与现有产品兼容，因为它们提供的价值与客户正在使用的产品相关。关键是公司需要对产品的相对新颖性、与市场上其他产品的纵向整合程度及其依赖性进行客观的评估。有些产品最初可能是通过改进而得到的，比如记录系统的插件，但在通过该插件收集数据以构建真正新颖的预测系统后，它们可能就变成了革命性的产品——分析仪表盘就是一个很好的例子，它已经演变成了一个完整的决策系统。

　　所有的公司并不是非要竭尽所能使自己的产品与其他产品兼容。现有公司的重点可能是构建集成，因为他们需要的是新产品提供的增量功能。从技术上来讲，不兼容问题可以通过中间技术或者向关键合作者授予知识产权来解决，从而支持并激励他们构建集成。实现兼容的方法有很多，但提供太多的兼容性可能会让竞争对手把客户抢走。何时让其他开发人员在你的产品的基础上进行开发是一个需要慎重考虑的问题。

互补性

公司投资于互补产品，无论是通过构建互补产品，还是让一个开发者生态系统来构建它们，都会增加客户的价值。赛仕软件（SAS）和Tableau是两家生产分析产品的公司，其产品分别使用额外的统计和可视化功能对其他分析产品进行强化。公司将工程资源投资于互补产品开发时，需要在是否增加核心产品的竞争力与它们对客户的价值之间取得平衡。鼓励其他人不开发与核心产品发生竞争的补充产品，但最好开发可能会演变成颇具竞争力的补充产品。

人工智能优先产品的前身是没有智慧功能的工作流产品，它们将数据整合到了一个地方——一个记录系统。例如，一个预测库存订购的产品需要记录系统中的库存数据来训练生成预测的模型。如果没有前身产品——一个保存数据的记录系统——构建该工作流产品，并免费提供给用户以获取数据，可以更深入地嵌入人工智能优先产品。

率先获取价值——先行优势

尽管在管理战略领域存在争议，但首先进入市场无疑是建立竞争优势的一种方式，对于人工智能初创企业来说尤为适合：优点突出，没有缺点。

　　先行者可以获取稀缺资产，构建技术领导力，并在竞争对手之前增加转换成本。人工智能优先公司就是如此。先行者先于竞争者收集稀缺资产；人工智能优先公司使用第三章"获取数据"中概述的多种方法之一在竞争对手之前收集数据（并确保拥有独家访问的权利）。谷歌在竞争对手之前收集并存储了大量搜索数据，从而使其搜索产品成为当今最好的产品。先行者通过领先于竞争对手的技术研发，建立起相对于竞争对手的技术优势；人工智能优先公司通过收集数据和设计智能系统的方法，构建了比竞争对手更好的智能系统。重要的是，在新型人工智能开发之前，先行者需要数据来进行实验。谷歌早就先于竞争对手通过实地驾驶汽车收集数据，并对自动驾驶研究进行投资，可以说谷歌拥有当今最有前途的自动驾驶汽车技术。先行者通过与现有系统集成，并从围绕着新入行者的不确定性中获益，从而产生转换成本；人工智能优先公司通过将客户的数据集中到自己的数据库中，并推出准确度极高的模型来增加转换成本。谷歌通过客户的电子邮件、位置和文档集将其数据进行集中，并保护起来，为人们要买的东西、要去的地方，甚至是要写的短语提供良好的建议。人工智能优先公司就是先行者。

　　有时，率先采取行动可能会损害公司的竞争地位，因为潜在竞争对手会从先行者开发的技术中受益。围绕基础标准而增强的确定性，也让客户对如何使用新技术有更多的了解。但是，人工智能优先公司不会受到率先行动具有的潜在缺点的影响。搭便车的人无法从先行者开发的技术中获益，因为他们没有人工智能优先公司拥有的数据。比如说，有许多前途光明的基于人工智能的方法可以改进搜索，但要开发一种优于谷歌的搜索方式似乎很难，因为没有大量的搜索数据来训练模型，识别短语——尤其是那些不常用短语——的含义非常困难。搭便车的模仿者既需要技术，也需要数据。与提供标准服务的技术公司相比，人工智能优先公司围绕基础标准产生的客户确定性的相关性较小，因为人工智能优先公司是通过预测的准确度，而不是与现有系统的互操作性获得技术收益的。客户不会单独购买能够预测下一步销售线索的系统，因为该线索与绝大多数客户关系管理系统进行了集成，而客户只需要该线索与其当前使用的客户关系管理系统集成，并获得良好的潜在预测即可。人工智能优先公司能够享受更多客户确定性带来的好处，因为他们系统的准确度随着真实世界数据的增加而提高。最后，随着后起之秀更快地适应市场需求的变化，先行者有时会看到自己最初的领先地位受到威胁。需要再次强调的是，先行者具有的这种劣势不适用于人工智能优先公司，因为智能系统能够自动适应不断输入的数据。智能系统本质上是动态的，能够在竞争对手进入市场时进行调整。

打造品牌

消费者通常购买他们信任和喜欢的品牌。品牌通过一致性建立信任，并因其可用性而受到喜爱。它们通过个性化来实现这一点。

顾客喜欢一致的产品体验，因为他们每次花钱都能得到同样的回报。麦当劳是一个建立在一致性基础上的著名品牌：你在波士顿买到的汉堡和你在柏林买到的一样。商业品牌也是如此。例如，IBM的客户看重的是购买该公司软件所带来的专业性咨询服务。人工智能优先公司在提供一致性产品体验方面拥有独特的优势，因为其产品偏离了算法。这些概率算法在某些方面——可能——会产生不一致的结果，但这样的结果可以通过凌驾于算法之上的系统来避免。可解释性和审计功能也可以提高客户对一致性的感知。

可用产品就是那些易于操作的产品：设计精良、握感颇佳的把手，和位置合理、无须使用说明的按键等。人工智能优先公司在制造可用产品方面处于独特的有利位置，因为其产品通常是一种推荐，该建议是根据环境数据生成的，因此该产品与使用环境具有很高的适配度。及时按需提出的建议或者决定可能更有用，而人工智能优先产品就是这样的产品。

一致性和可用性似乎是对立的，因为一致性意味着，不管环境如何，每次交付的产品都是一样的，而可用性则与使用环境相关。在寒冷的天气里，你通常不想吃冰激凌，尽管客观上来说它的味道和夏天完全一样。一致性和可用性可以通过对产品进行个性化设计的方法来实现。交付个性化产品之前，需要获得客户使用该产品的数据，但这项工作极具挑战性，因为需要采集的数据点太多：每次点击、鼠标移动和购物活动都要记录下来。人工智能优先公司在这方面则具有优势，因为智能系统可以处理很多数据点，这为人工智能公司提供了打造品牌的力量——智能系统可以分析大量的产品使用数据，从而大规模生产个性化的产品——这反过来又能更好地让这些公司获得更多客户，并捕获更多数据。

利用回路对抗现有公司

聚合优势使得人工智能优先公司具有了降服现有公司的能力。为了赢得顾客，人工智能优先产品需要针对现有公司的产品进行定位，本节将从不同视角对此展开论述。

从数据库到智能应用

新技术都是在借鉴旧技术的基础上产生的，都是先将其整合，然后再实现超越。智能应用程序，即提供人工智能输出的应用程序，需要数据，而数据存在于遗留应用程序——客户现在使用的应用程序中，下面是从遗留应用程序中借用数据，然后实现超越遗留应用程序的方法。

许多年前，只有技术人员才能使用数据库。20世纪90年代，软件时代到来，非技术人员也可以通过微软办公软件的关系数据库管理系统（Microsoft Access）使用数据库。之后出现了基于云计算的应用程序，使得每个人都能把来自世界各地的数据添加到自己的日常工作流中——他们这样做的时候，甚至都没有意识到自己是在操纵数据库。如今，这些云应用程序实际上是软件背后的数据库，因为数据库本身比应用程序低很多级别，所以没有人直接与数据库交互。

然而，这些遗留应用程序是在一个存储数据成本很高的时代构建的，所以它们倾向于只储存有必要储存的东西。如今，出现了三个方面的变化：

（1）数据存储的成本更低；

（2）员工在线上完成整个工作流程；生成更多关于他们正在做什么，以及他们如何做出决策的数据；

（3）学习这些数据的方法有所改进。

当数据的存储成本更低、存储量更大，并且有方法来理解它们时，人工智能就成为可能。在人工智能优先世纪，这种情况催生了一个巨大的机会：从现有的记录系统（业务功能的"单一真相来源"）中获得数据"尾气"（客户在使用应用程序时所有的操作记录，例如点击按钮和更改值），并在上面构建人工智能。

更好的数据收集，更好的产品

赛富时就是一个记录系统，在其基础上构建的应用程序就是智能应用程序。让我们再看一看这些应用程序在数据输入方式和输入内容方面的差异（见表8-2）。

表8-2　应用程序在数据输入方式和输入内容方面的差异

类别	记录系统	智能应用程序
数据输入	直接	间接
输入用户	人	机器
输入时机	事后的	实时
数据类型	结构化	非结构化
数据分类	字段	数据"尾气"

让我们将上表中右侧一栏展开，看一看智能应用程序是如何使用新方法处理数据的（见表8-3）。

表8-3　智能应用程序如何使用新方法处理数据

类别	类型	益处
数据输入	间接	增加从公共和辅助来源收集的背景数据，供日后分析使用。
输入用户	机器	减少了输入数据所需的时间，这样你才能做真正的工作。不再每月更新赛富时软件。
输入时机	实时	能够实时处理数据。数据从记录系统上传，使用预测模型，向用户提供可操作的建议。
数据类型	非结构化	深入学习非结构化数据，将其转化为结构化数据，并提取预测特征。绝大多数数据与模型不相关，无法对深度学习模型进行训练。
数据分类	数据"尾气"	通过消除报告偏差提高准确度。机器生成的关于一单销售的最后一封电子邮件的摘要，可能比销售人员在模板化的输入中表达的主观意见，更能提高达成交易的可能性。

与放入记录系统的数据相比，智能应用程序可以获得更多新鲜、多样和海量的数据。

机会

许多领域都缺乏真正的智能工作流应用程序。也就是说，智能应用程序在丰富的输入数据、数据"尾气"和外部数据的组合上运行机器学习算法，以便为客户做出预测，或者理想情况下，为客户做出决策。人工智能优先公司的机会就是构建这样的应用程序，例如：

- 可以预测性地管理销售线索、在狭窄的领域进行营销和筹资的客户关系管理系统；
- 可以显示库存何时可能不足、需要进行更多订购的库存管理软件；
- 可以预测供应链中断并提出解决方案的供应链跟踪系统；
- 可以自动从客服工单中收集功能开发建议（以及要修复的漏洞）的产品管理工具。

现在是考虑如何在记录系统之上构建智能应用程序的时候了。

人才回路

构建智能系统需要有智慧的人。招聘最好的机器学习工程师、研究人员和数据科学家，是构建最智能系统的先决条件。该领域内最优秀的人才希望能够使用最好的数据，因为没有好的数据，他们就很难卓有成效地工作。通常，最好的数据意味着要有最多的数据。

数据越多，机器学习的工作效率就越高，就能吸引更好的机器学习研究人员，生成更有用的模型，从而生成更多的数据，在一个自我强化的回路中，让机器学习更高效地工作。

向潜在候选人宣传数据资产的价值可以开启人才回路。有些候选人想看到大量数据，一些人希望看到与他们的研究最相关的数据集，还有些人想要一个可以改变世界的数据集。例如，收集可能有助于解决重要问题——比如癌症——的专有数据集，可以吸引高素质人才。向应聘者明确阐释数据和工程问题可能是一个招聘优势。要想吸引最优秀的人才，就必须掌握最有价值的数据。人才回路如图8-11所示。

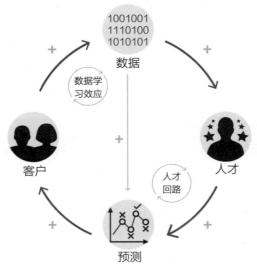

图8-11　人才回路

○ ○ ○　本章结论：为竞争排序　○ ○ ○

　　我认为，人工智能领域最大的商业机会是，创建能够完全自动为社会提供有价值服务的公司。然而，你不可能一开始就通过自动化的方式提供这些服务，而必须从手动开始。你最初需要构建的不是技术，而是理解；相较于通过筹款创办一家科技公司，收购一家服务公司应该是创建人工智能优先公司更好的方式。对于那些希望筹集风险资本以建立高利润率软件业务的人来说，从低利润、手工业务开始获取数据，可能是一个奇怪的提议，但对于那些最终想要通过自动化方式获取所有价值的人来说，这可能是有意义的。

　　纵向整合有助于对产品推广，以及通过基于投资回报率的定价获取价值进行虚拟控制，但实施起来可能代价不菲。除了将人工智能优先产品定位在包含最大利润机会的价值链中之外，还可以基于围绕人工智能优先产品的数据对这些产品进行有利可图的定价。通过设定行业标准、构建生态系统或者建立品牌来锁定客户，可以获得与纵向整合一样的好处，但现实是，有时仅仅成为先行者就足以赢得比赛，尤其当它能够启动一个自我强化回路时更是如此。整合优势使得这些公司能够创造出压制现有公司的智能应用程序。人工智能优先公司每天都在聚合、压制和颠覆现有公司。

● ○ ● **本章要点** ● ○ ●

◆ **纵向整合可以获得更多数据、收入和利润。** 为客户提供整套服务，可以让人工智能优先公司获得反馈数据，根据投资回报率为产品定价，并提高利润率。

◆ **人工智能会改变定价。** 人工智能优先公司可以根据数据贡献、产品使用率、模型更新频率、开发预测功能，以及最终的投资回报率向客户收费。对人工智能优先公司来说，按投资回报率承保是理想的商业模式。

◆ **人工智能优先的破坏分为三个阶段。** 通过更低的价格、更高的个性化程度，以及更多的自动化抢走现有公司的客户。

◆ **聚合数据可以创建新产品。** 人工智能优先公司可以聚合数据来设计新产品，这些产品可能是基于大量数据产生的，也可能是全新的发明。人工智能优先公司会前向聚合和集成，从数据库获取数据，并构建客户每天都使用的智能系统。

◆ **数据生成锁定。** 数据格式可以将客户锁定在产品中。

◆ **考虑兼容性。** 数据在生态系统中的产品之间移动，因此，与其他产品的兼容性可以帮助新公司将数据输入自己的产品，然后用于训练人工智能。

◆ **支持与补充**。第三方可以创建补充产品，为生态系统贡献数据，最终为客户提供更多价值。

◆ **先行优势非常适合人工智能优先公司**。优点突出，没有缺点。先于竞争对手积累数据就可以更早地开始构建数据学习效应，从而形成无可撼动的领先优势。

◆ **人工智能优先公司拥有独特的品牌建设能力**。智能系统可以分析大量的产品使用数据，从而对产品进行大规模个性化改造。这种品牌建设能力使得人工智能优先公司能够签约更多的客户，并捕获更多的数据。

◆ **压制现有公司**。智能应用程序从遗留应用程序中借用数据，然后将这些程序变为附庸，收集数据并招募人才，通过与现有公司完全不同的方式使用这些数据。

结　语

　　建立人工智能优先公司需要把人工智能放在每个议程的首位。本书将人工智能放在有关战略（定位、定价、竞争）和战术（建模、监控和度量）讨论的首位。如此一来，数据学习效应便可发挥作用。

　　你对人工智能优先公司的了解也会变得更加容易。

数据学习效应＝数据规模经济＋数据处理能力＋数据网络效应

　　如果你愿意，你可以认为你的新数据就是本书中介绍的新词汇和新框架。当你在工作中想到它们时，你就是在处理这些数据。每个段落、插图和示例都会添加到信息网络中。这本书启动了数据学习效应的飞轮，而且还有更多东西可以让它不停地转动，让回路不断地发展。你可以找到以补充材料、工作记录和课程形式出现的更多输入，你可以在日常工作中不断处理这些输入。通过加入在线社区，你可以向网络中添加更多节点。

　　人工智能优先公司把人工智能放在第一位。你已经把人工智能放在了学习的第一位，所以你现在可以把人工智能放在公司战略、预算和员工会议的首位。你可以带着精益人工智能的思维方式进入下一个项目，即使这个项目可能一开始很小。为了客户，你可以在确保其接受人工智能的前提下，安装自动管理系统，设置监控进度指标，率先进行人工智能实践。学习和积累公司内部信息能够让你一直取得好成绩，不断改进你的决定。最终，你的公司将能够以更大的规模、更快的速度提供产品。你可以通过纵向整合、颠覆，以及通过标准化、聚合和从属定位超越竞争对手。

记住，现在还不晚，我们刚刚走过人工智能优先世纪的一部分里程。你仍然可以创造工具，让所有人都具有更强的能力。让我们共同奋斗，成就彼此吧！

术语表

A/B测试： 通过向不同的用户群体随机展示产品的两种不同变体（即变体A和变体B）来测试用户偏好，该测试也被称为对照实验。

K-均值： 无监督机器学习方法，以最接近对象的中心点或平均值为基础，将对象分组到多个聚类中。

安全多方计算： 联合计算输入的方法，但参与的计算机的输入是保密的。

上凸曲线回报： 回报因产品使用次数增加而减少。

版本控制： 保存模型、程序或数据集的每种形式的副本。

边际贡献： 单位平均价格减去与该单位相关的人工和质量控制成本。

边缘： 节点之间的连接，也称为链接或者线。

变量重要性图： 一个函数中最重要的变量列表，变量重要性根据其对特定预测或者预测能力的贡献排序。

标签： 基于实例学习的机器学习系统的输出。

补充数据： 增加现有数据价值的新数据。

参与系统： 主动（例如，通过用户输入）聚合特定业务功能信息的系统。

层：神经元聚集；层可以互相连接。

查询语言：用于从数据库中检索数据的编程语言。

差分隐私：不显示单个数据点而共享数据集的系统。

超参数：用于控制机器学习模型的参数。

超级用户：其他用户相比，过度使用产品的用户。

超文本标记语言：专门用于编写要在网络浏览器中显示的文档的编程语言。

成本优势：在特定行业相较于竞争对手因更低的生产成本而产生的一种竞争优势。

传感器网络：从现实世界收集数据的设备集合。

代理人基模型：根据代理人的属性、激励和环境约束，生成代理人行为，以及与其他代理人交互的模型。

递归：方法的重复应用。

定价：产品使用情况。例如，使用产品的时间。

动力源：与其他用户相比，贡献过量数据的用户。

独立软件供应商：发布软件的公司。

用例：机器学习模型从中学习的单个输入输出对。

方案：数据库中特定表中所有值的通用形式。

防御能力：保护收入来源——例如，可以创收的资产——的相对能力。

有向无环图：在点之间跳跃，而不是每次都以相同的模式通过所有的点。

概念漂移：预测主题背后的想法基于观察而发生的变化。

概念验证：由软件产品的潜在客户和供应商联合进行的项目，以证明该产品在理论上提供的价值。

高斯混合模型：概率模型，表示集合中的一个子集，假设为正态分布，无须观测数据与子集匹配。

数据"尾气"：当用户在应用程序中执行操作，例如单击按钮和更改值时，所收集的数据。

个人身份信息：可以链接到真人的信息。

工作流应用程序：一种软件，它采集了一个人在现实世界中所做的一系列事情，并将这些步骤放入一个允许在每个步骤输入数据的界面中。

方程：输入数据以输出预测的一组数学函数。

光学字符识别软件：将图像转换为机器可读文本的软件。

规模效应：拥有更大数量能够产生效益的资产或者能力，使得边际效益增加或者边际成本降低。

横向整合：通常由单独的产品操作，将多个行业特定功能组合在一个产品中。

护城河：对其他方构成障碍的资产积累，可能会降低这些资产的创收潜力。

召回率：由模型在相关数据点总数上检索到的相关数据点的数

量所占比例。

机器学习： 通过添加新数据自动改进的可计算算法。

机器学习工程师： 实施、训练、监控和修复机器学习模型的人。

机器学习管理回路： 将真实世界的数据连续输入机器学习模型的自动化系统。

机器学习研究员： 建立和运行机器学习实验的人。

基于使用量的定价： 与产品使用量直接相关的定价。例如，使用产品所花费的时间。

基于投资回报率的定价： 与投资回报率直接相关的定价。

集成商： 负责构建连接数据源的工具、跨数据源标准化数据，并在数据源发生变化时更新连接的软件公司。

记录系统： 被动聚合特定业务功能信息的系统。

加密令牌： 区块链资产证明。

价值链： 公司为资产增值的过程。例如，通过将数据处理为信息，并将该信息处理为预测，为数据点增加价值。

监督机器学习： 从给定输出的输入中学习的机器学习。

监控： 观察产品以确保质量和可靠性。

降维： 转换数据（使用主成分分析等方法）以减少与每个数据点相关的度量。

交互式机器学习： 从用户那里收集数据，将数据放入模型，将模型输出返回给用户的机器学习模型。

交易定价： 与产品交易单位数量直接相关的定价，例如，已处理的数据点或者计算周期的数量。

接受者操作特性曲线： 显示模型在不同鉴别阈值（如真正类率真和假正类率）下表现优劣的曲线图。

节点： 网络中能够接收、处理和发送信号的离散部分。

精确度： 模型检索到的相关数据点占数据点总数中的比例。

精益人工智能： 构建一个小型但完整且准确的人工智能以解决特定问题的过程。

局部图： 显示向函数中添加增量变量的效果的图形。

聚合理论： 该理论认为，一个市场的新进入者可以将该市场的现有资源聚合在一起：例如数据点，以创造新的和有价值的产品。

聚类工具： 使用无监督机器学习对相似对象进行分组。

客服代理： 负责回复客服工单的员工。

客服工单： 产品用户在使用该产品时请求帮助的消息。

客户关系管理软件： 存储和处理客户数据的软件。

控制论： 机器和生物的控制和通讯科学。

联邦学习： 一种无须在计算机之间交换数据、跨不同计算机训练机器学习模型的方法。

密码学： 编写和破解代码。

模拟： 一种方法，该方法生成输入，通过程序来查看该程序是否无法执行或生成不准确的输出。

内包： 在现有组织内找到完成任务所需的资源，这样就不需要使用新资源来完成该任务。

帕累托最优解： 即投入20%的精力获得80%的收益。

漂移： 模型的概念或数据偏离现实。

破坏理论： 一种理论，即市场的新入行者通过比现有供应商低得多的价格，将特定产品销售给细分市场的客户，从而将后者的客户抢走。

瀑布图： 数据可视化形式，显示在相邻列中添加或减去顺序值的结果。

企业资源规划产品： 收集并保存产品库存数据的软件。

探索法（启发法）： 通过实践获得的知识。

强化学习： 从目标中学习的机器学习。

区块链： 去中心化的分布式记账系统。

ROC曲线下面积： 接受者操作特性曲线的积分。

权重： 节点和节点的相对强度度量，可以在学习了一个更理想的权重之后自动或手动进行调整。

全球多用户模型： 预测某一特定公司所有客户共同点的模型，规模通常基于所有客户汇总的数据进行训练。

扰动： 故意修改一个对象，例如数据。

人才回路： 由于拥有比竞争对手更多的高质量数据，而在吸引高素质人才方面形成的复合竞争优势。

人在回路系统：需要人工输入才能产生输出的机器学习系统。

入门级数据网络效应：将新数据添加到现有数据集合所带来的复合边际效益；边际效益可根据数据计算模型的信息价值定义。

软件即服务：在线交付软件，并在订阅的基础上授权该软件的方法。

软件开发工具包：由软件开发人员制作的工具，软件开发人员可以在此基础上开发或者并行开发。

散点图：两个变量的值沿两个轴绘制的图形，坐标点的分布模式揭示了所有存在的相关性。

深度学习：多层人工神经网络。

神经网络：相互连接的节点的集合，它们可以通过网络边缘互相传输信号，信号强度取决于每个节点和边缘上的权重。

时段：通过机器学习模型完成整个训练数据集的时间段。

市场细分：基于相似性对客户进行分类。

数据：收集起来供参考或分析的事实和统计数据。

数据标注：将一条信息添加到一条数据中。

数据产品经理：将模型的数据需求与产品设计师的可用性意图和用户的偏好结合起来，优先考虑收集专有数据产品功能的人。

数据分析师：设置仪表盘，将数据可视化，以及对模型输出进行解释的人。

数据工程师：数据清洗、创建自动化数据管理工具、维护数据目录、整合数据资产、合并新数据源、维护数据管道、建立与外部数据源链接的人。

数据管理员： 负责确保数据存储符合标准的人。

数据基础架构工程师： 选择正确的数据库、建立数据库、在数据库之间移动数据、管理基础设施成本的人。

数据科学家： 构建和运行数据科学实验的人。

数据漂移： 当预测所依据的分布发生变化，不再代表观察到的现实时；或者当预测所依据的数据发生变化，导致其中一些数据无法获得或者无法正确形成。

数据网络： 一组本来不相关的实体而非单个实体构建的数据组。

数据网络效应： 在现有数据集合中添加新数据点所带来的边际效益的增加；边际效益由信息价值定义。

数据学习回路： 从智能系统中持续生成专有数据，为下一代智能系统提供基础。

数据学习效应： 信息的自动复合。

随机森林： 用于分析数据的方法，该方法构造多个决策树，并输出所有对象中最常出现的对象类别，或所有决策树的平均预测。

损失： 模型在做出特定预测时正确与否的量度。

损失函数： 确定模型输出错误程度的数学函数。

梯度提升树： 一种根据损失函数分阶段生成决策树的方法。

提取、转换和加载： 将数据从一个地方迁移到另一个地方的三个主要步骤。

统计过程控制：基于统计方法的质量控制过程。

投资回报率：通过使用资产的回报除以对该资产的投资来计算。

下凸曲线回报：回报因产品使用次数增加而增加。

图表：由节点和边组成的数学结构，通常用于建模对象之间的交互。

网络爬虫：在互联网上系统地查询网页或其他文件的程序；去掉那些页面上不必要的内容，比如格式；获取重要数据，将其放入标准文档格式（例如JSON），存入一个私有数据存储库。

网络效应：将新节点添加到现有节点集合所带来的边际收益增加；此边际收益以集合对用户的效用定义。

无监督机器学习：从没有输出的输入中学习的机器学习。

系统集成商：安装新软件系统以便与客户现有系统一起运行的实体。

下一级数据网络效应：将新数据添加到现有数据集合所带来的复合边际收益；此边际收益由根据该数据计算的模型自动创建数据的速率定义。

先行者：先于其他公司进入某个市场、收集稀缺资产、建立技术领先地位，并在市场中增加转换成本的公司。

现有公司：现有市场领导者。

消费者应用程序：主要由个人（而非企业）使用的软件应用程序。

信息： 能消除多少随机的、不确定性的东西。

学习效应： 知识积累带来经济效益的过程。

遗留应用程序： 已在使用的应用程序。

应用程序编程接口： 一组函数，能够让应用程序彼此沟通，以使用某个特征或者获取数据；实际上，它是让软件互相通信的结构化方式。

用户界面： 软件中的一组对象，客户可以用来启动该软件中的某种功能。

预测可用性阈值： 预测对客户产生作用的那个点。

泽字节： 10^{21}字节。

支持向量机： 按类别对新数据点进行分类的监督学习模型。

直方图： 由矩形组成的图表，其面积与变量的频率成正比，横轴表示数据类型。

智能应用程序： 对数据运行机器学习算法以进行预测或决策的应用程序。

专有信息： 属于特定实体且不属于公共领域的信息。

纵向产品： 仅与特定行业的用户相关的软件产品。

纵向整合： 一家公司中多个生产阶段（或价值链上的点）的组合，通常由不同的公司运营。

最小可行性产品： 保证产品可用的产品功能的最小集合。